내가 너와 함께 하리라

I am with you always

이영숙 지음

내가 너와 함께 하리라

2017년 01월 20일 초판 발행

지은이 이영숙
펴낸이 이영숙
디자인 유재헌
홍 보 배성령
제 작 송재호
펴낸곳 도서출판 로기아
제작지원 가나북스

출판등록 제2016-000005호
공급처 가나북스 www.gnbooks.co.kr
전 화 031-408-8811代
팩 스 031-501-8811

ISBN 979-11-957425-4-7

· 가격은 뒤 표지에 있습니다.

| 프롤로그 |

나는 글쓰기를 아주 싫어했던 사람이다.

그런데 뒤늦게 서둘러서 글을 쓰기 시작하여 부끄러움을 무릅쓰고, '여자는 강했다'를 써냈는데, 가나북스 대표 배수현 장로님을 만나게 되어 개정판으로 '여자는 강했고 강하다'라는 새로운 제목으로 출간하게 되었고, 이어서 '아리랑고개로 넘어간다'라고 하는 수상집(1)을 펴내게 되었다. 그리고 '내가 너와 함께 하리라'라고 하는 신앙수상집(2)을 쓰게 되었으니 나도 모르는 사이에 글을 쓰는 사람으로 바꾸어지게 된 것 같다. 앞으로 얼마나 더 많은 글을 써야 할지, 그것은 나도 모르게 쓰고 싶기 때문이다.

글쓰기를 싫어한 내가 어떻게 해서 이렇게 글을 많이 쓰는 사람이 되었는가? 라고 묻는다면, "글을 쓰는 재주가 없어서 였다"라고 대답할 것이다. 그런데 다시 왜 글을 쓰게 되었는가? 라고 묻는다면, "가슴 속에 담아두었던 말들을 하고 싶어서"라고 답하고 싶다. 그러므로 나는 결코 글을 잘 쓴다는 말은 나의 양심으로 말 할 수 없다. 그러나 분명한 한 가지는 글재주가 있어서가 아니라, 하고 싶은 말들을 이제는 하고 싶어서 라는 말만은 하고 싶다.

잘못 쓴 나의 글을 많은 사람들이 읽어줄 것이라는 기대를 가지고 글을 쓰지 않는다. 오히려 읽어주지 않을 것이라는 것을 알면서도 글을 쓰는 이유는 말없이 살아 온 내 가슴 속에 맺혀 있는 말들을 글로 표현하고 싶어서이다. 특히, "내가 너와 함께 하리라"라고 하는 표제의 글을 쓰게 된 것은 어떤 사명감에서 라고 말하고 싶다.

내가 어려울 때에 나를 위로해 주시고, 나의 애끓는 가슴을 어루만져 주셨던 하나님께서는 어느 한 순간도 나를 떠나지 아니 하시고 나와 함께 하시면서 나를 지켜 주셨고, 언제 어디에서나 나와 함께해 주셨다. 그러한 말들을 글을 통해서 하고 싶다. 많이많이 이야기를 하고 싶다. 누구를 가릴 필요 없이 내가 생각하고, 내가 믿는 그대로를 글로 써서 함께 들려주고 싶고 이야기를 나누고 싶어서 이 글을 쓴다.

비록 글재주는 없을지라도 나의 가슴 속에 간직한 마음의 이야기를 글로 쓰고, 나의 작은 믿음의 이야기를 함께 나누고 싶어서 이 글을 쓴다. 잘못 쓴 것에 대해서는 머리를 숙여 양해와 용서를 빌며, 공감되는 곳이 있다면 내가 믿는 하나님을 같이 믿자는 조심스러운 말을 하고 싶다.

끝으로 한 평생토록 나와 함께 하셔서 나를 나 되게 지켜 주신 하나님 앞에서 영광중에 이것까지도 지켜주시라는 기도를 올린다.

그리고 부족한 글을 읽어주신 여러분들을 내가 믿는 하나님께서 지켜 주시라는 기도를 드리면서, 다음의 글도 기다려 주시라는 당부의 말씀을 드린다.

이영숙

| 목차 |

첫째. 나는 세상을 모르고 살았다

둘째. 과연 내가 선 자리는 어디?

셋째. 내가 너와 함께 하리라

넷째. 세상은 바뀌어져야 한다

다섯째. 내가 살아야 할 이유

여섯째. 네 이웃 사랑하기를 네 몸과 같이 하라

첫째

나는 세상을 너무도 모르고 살았다

†

나는 세상을 너무도 모르고 살았다.

보통 모르는 정도가 아니라 너무도 모르고 살아왔다.

어렸을 때에는 그런대로 철이 없어서 몰랐다고 할 것이나, 성인이 된 다음에도 긴긴 세월을 살아왔으나, 이 세상에 대한 것을 너무도 모르고 살았다.

그런 의미에서 볼 때에 이 세상에 나보다 더 바보는 없었을 것이라는 바보의 말을 좀 들어주시라는 마음으로 이 글을 쓴다.

세상에 대해서 모른다는 것은 단순히 무식無識에서만 오는 것이 아니라, 무관심無關心에서 오는 병적인 것을 나는 미처 모르고 그 많은 아까운 세월을 보내버렸다. 아마도 세상을 모르고 살아가는 사람처럼 큰 바보가 없다는 것조차도 모르고 살았으니 세상에 나보다 더 바보스럽게 살아 온 사람은 또 없었을 것이다.

내가 무엇을 해야 할 것인지도 모르고, 부모님께서 나를 사랑해 주시니 나로서는 부디 내가해야 할 일이 무엇인지 조차 모르고 살았다. 사실이 아무런 뜻도 없이 그렇게 사는 것이 인생인 것으로 알았다.

그러므로 이제 와서 생각해보니, 나는 스스로의 마음속에 나보다 더 바보가 이 세상에 또 있을까라고 한탄스러운 자평을 해 본적이 그 몇 번이었는지도 모른다. 참으로 부끄러운 인생을 살아 온 나야말로 이 하늘 아래서 가장 무식하고 바보였다는 말 밖에 다른 고백이 있을 수 없다.

'나'라고 하는 존재가 왜 이 세상에 있어야 하는지 조차도 모르고 살았다. 그러니 내가 무엇을 해야 할 것인지도 모르고 살았고, 바다의 파도波濤에 떠밀려다니는 쓰레기처럼 나의 인생은 참으로 아무 쓸 곳 없는 파도에 밀려다니는 천한 쓰레기처럼 살기를 얼마나 했는지 모른다.

이것을 단순히 무식無識이라고만 하기에는 말이 맞지 않다. 스스로의 인생을 몰랐다는 것은 자기 인생에 대하여 관심이 없었다는 말과도 같다. 그렇다면 나는 자기 스스로의 존재가치存在價値조차도 몰랐다는 말이다.

자기의 존재가치를 몰랐다는 말은, '있으나 마나'한 사람이었다는 말과도 같다. 이 세상에는 꼭 필요한 사람이 있는가 하면, 있으나 마나 하는 사람도 있고, 있어서는 안 될 사람도 있는 것 같다.

그렇다면 나는 '있어서는 안 될 사람은 아니었다'라고 하는 이유로 자기 위로를 삼아야 할 것인가? 참으로 부끄러운 자기의 고백을 글을 통해서 해야 하겠다. 아무리 모른다고 할 찌라도 자기의 존재가치조차 모르고 살았으니 얼마나 부끄러운 사람이었던가를 자책한다.

한마디로 말해서, "나는 바보다"라고 하는 말로 자신을 표현한다면 이것도 바보만이 할 수 있는 말인지 안다.

그래서 나는 바보였다. 세상에 둘도 없는 참 바보였다. 쓰레기처럼 밀려다니는 바보였고, 철저히 버려진 바보였고, 아무것도 모르고 끌려 다니는 바보였다. 자기의 존재 가치를 모르는 바보, 자기의 역할이나 몫을 모르는 바보, 내가 누구인지

조차 모르는 실종失踪된 인간을 살아 온 내가 무슨 말을 하겠는가?

더구나 나도 아들딸을 낳아서 기르고 가르쳐 보았다. 내 딴으로는 좋은 엄마가 되어보겠다는 마음으로 내가 낳은 사랑하는 아들, 그리고 눈에 넣어도 아깝지 않은 내 딸을 나름대로 아주 소중하게 기른다고 했는데, 이제 와서 돌이켜 생각을 해 보니 그것도 내가 잘못 기른 것 같아서 미안한 마음이 없지 않다.

내가 낳은 아들딸에게 무엇을 그렇게 잘 못했느냐고 묻는다면, 최선의 모성애母性愛만 부리면 다 되는 것으로 알고

아이들의 뒷바라지를 열심히 해 주면 다 되는 것으로 알았으니, 그것도 참으로 후회스러울 정도로 잘 못한 것 같다.

남들처럼 교육의 방법이나, 출세 같은 것을 생각했더라면 그렇지 않았을 것인데, 그저 사랑한다는 모성애 하나면 다 한 것으로 알았으니 내가 너무도 바보스럽게 아이들을 길렀다고 자책을 하면서 산다.

그러나 나는 이제라도 말을 해야 하겠다. 아주 큰 소리로 말을 해야 하겠다. 나는 바보였기 때문에 더 큰 소리로 말을 해야 하겠다. 그러나 나는 아직도 말로는 못 다 할 것 같아서 잘 표현하진 못하지만 글로 나의 고백을 하려고 한다.

나를 찾아 주시고, 나를 나 되게 해 주신 분의 이야기를 해야 하겠다. 이것이 지금 나로 하여금 이 글을 쓰게 해 주셨다.

모든 영광 나를 '나'되게 해 주신 그분. 곧 내가 믿는 하나님께 돌리며 글을 쓴다.

1. 섬마을 어부의 둘째 딸로 태어났다

내가 태어난 곳은 파도소리에 맞추어서 춤을 추고 노래하는 경남慶南 거제도巨濟島라는 섬마을이었다.

내가 태어난 가문을 말한다면 부모님께서 어업漁業을 생계의 수단으로 하셨으니까 당연히 어부漁夫였든 것은 사실이나, 내가 존경하고 아끼는 우리 아버지를 어부라고 하는 말은 좀 아버지를 비하하는 것 같아서 죄송스러운 마음 없지 않다. 그래도 고기를 잡는 것이 어부였고, 그것이 생업生業의 수단이었으니 나는 분명히 섬마을 어부의 딸로 태어난 것이 사실이다.

이른 새벽이면 멀리 바다 물을 뚫고 힘 있게 솟아오르는 태양을 지켜보면서 손벽을 쳤고, 햇살을 타고 바다 위를 나르면서 먹이를 찾아 춤을 추는 물새들을 지켜보면서 뛰놀다보면 자기를 잊어버릴 정도로 망각에 심취해 버렸으니,

어쩌면 그런 것들이 싸이고 싸여서 나를 나도 모르게 해 버렸는지도 모른다.

그 뿐만이 아니라 어머니의 손을 잡고 이른 새벽에 바닷가에 가서 우리 배에 고기를 가득 싣고 돌아오는 만선滿船의 고깃배를 바라보면서 즐겨했던 나는 세상을 모르고 살게 했는지도 모른다.

크게 잘 살았다고는 못할지라도 그런대로 풍요롭게 살았던 부모님의 은덕으로 세상에 대한 어떤 어려움을 모르고 살았으니, 그렇게 하는 동안 나의 인생까지도 떠내려가고 있다는 것을 몰랐다는 말로 변명을 해야 할까?

그래도 '섬마을 부자富者'라는 말을 들을 정도로 풍요를 누리고 살았으니, 미쳐 내게 대해서는 생각을 해 볼 겨를도 없었다고 해야 할 것인지 모르겠다.

그리고 내가 학교에 가야할 때쯤에는 거제도巨濟島에서 마산馬山 항구의 도시로 옮겨서 더 큰 풍요를 누리게 되었으니, 나는 공부를 하기 위해서 학교를 가는 것이 아니라, 나이가 찼으니 그저 학교에 가야 하는 것으로 알았고, 부모님께서 보내주셨으니 학교에 다녔을 뿐이었다.

다만 한 가지 다른 것이 있었다면 수줍쟁이 인 나는 성격 탓으로 파고 들었고, 은근히 남들에게 지지 않겠다는 마음으로 공부를 했다는 것이 천만 다행이었다는 부끄러운 고백을 한다.

남들과 어울려서 뛰어노는 것조차 몰랐으니 다른 사람들처럼 많은 친구도 없다. 철저히 내성적인 성격에다 어떤 부족이나 아쉬움이 없었으니 그렇게 힘든 것도 느껴보지 못했다.

언제나 자상하고 끔찍하신 어머님의 사랑에다, 유별나게 나를 아껴주셨던 아버지의 사랑은 좀처럼 내가 뚫고 나가야 할 인생의 경험을 막아버렸다.

그러한 부모님께 대하여 고마운 생각조차도 가져보지 못했고, 위로 한 사람의 언니와, 아래로 세 사람의 남동생들은 그저 그러려니 하는 마음 외에 특별한 관심조차도 갖지 못했으니, 어느 것 하나 나는 부끄러운 것들만으로 내 인생을 점철해 버렸다.

지금에 와서 생각 해 보니 누구보다도 더 많은 부모님의 보살핌과 사랑을 받고 자라온 나는 그토록 철부지한 나를 사랑으로 길러주시고 살펴주신 부모님을 향하여 단 한번도 감사하다는 말을 못하고 영영 이 세상을 떠나 버렸으니 한 평생토록 내 마음의 후회요 잘못이었다는 것을 뼈저리게 느끼면서 살아가야 한다.

그런데 여기에서 내가 새삼스럽게 깨닫게 된 것은, 그렇게 하는 것이 하나님의 간직看直 곧 하나님의 돌보심이었다는 말로 답하고 싶다.

나와 함께 하신 하나님께서는 때가 이를 때까지 나를 감춰두시기 위해서 그렇게 하셨다는 것을 깨달았다. 내가 남들보다 더 잘하고 뛰어났다면 나는 나의 재주와 능력을 뽐내고 자랑했을 것이다.

그러나 하나님께서는 나를 나 되게 하시기 위해서 그러한 방법으로 나를 막아 버리셨고, 뒤늦게라도 나를 찾아 주셨다고 믿는다.

어머니의 복중에서 10개월 동안은 모든 것이 어머니와 함께 살았으나, 어머니의 탯줄을 끊고 이 세상에 태어난 나는 스스로가 일어서야 하는데, 처음부터 나는 그러한 과정을 밟지 않았고, 전혀 모르고 살았으니, 나야말로 이 세상 하늘 아래서 가장 바보스럽게 살아온 못난 사람이었다.

그러한 나를 버리지 아니하시고 끝까지 감추어 두시고 지켜주신 하나님께 감사한 마음으로 이 글을 쓴다.만약에 내가 남들과 같은 인생의 길을 걸었고, 함께 얽혀서 살았다면 오늘에 이르러서 나는 아무 할 말조차 없었을 것이다. 그런데도 나는 그렇지 못 했기 때문에 글을 쓴다. 남들은 잘나고 잘한 것들을 들어서 글을 쓴다고 하는데, 나는 내가 바보였기에 글을 쓰고 싶고, 남들보다 못했기 때문에 글을 쓴다는 변명辨明같은 말을 늘어놓는다.

사실이 그랬다. 아무리 돌이켜서 나를 생각해 보아도 나는 너무도 몰랐고, 너무도 바보였다는 말을 글로 쓰려고 한다. 그래서 글을 잘 쓰고 못쓰고에 대해서는 상관할 바가 아니라는 말이다.또 내가 쓴 글을 누가 반드시 읽어줄 것이라는 기대도 갖지 않는다. 다만 쓰고 싶어서 쓰고, 말을 해 주고 싶어서 글로 써서 말을 하려는 것일 뿐이다.

물론 나의 생각이 다른 사람의 생각과 같을 것이라는 생각도 하지 않는다. 나는 이렇게 생각한다는 자신의 마음을 글로 썼을 뿐이다.

그 다음에 되어 질 일들을 어느 하나도 빠짐이 없이 내가 믿는 하나님께 맡기겠다.

2. 나의 나 된 것은 하나님의 은혜라

돈만 있으면 다 되는 것으로 아는 잘못된 세상을 원망한다.

나는 이 세상에 태어나서 살아오는 동안 어렸을 때부터서 돈에 대해서 욕심을 가져 본 일이 없었다.

그럴 정도로 부모님께 의존했고, 나 스스로가 돈을 벌어야 한다는 생각도 가져 본 일이 없었다. 다른 사람들처럼 가난이나 배고픔조차도 느껴보지 못하고 살았다. 먹고, 입고, 쓰고, 살아가는데 필요한 모든 돈은 부모님께서 다 해결해 주셨기 때문에 돈을 벌기 위해서 해야 할 일이 무엇인지 조차 모르고 살았다.

춘궁기春窮期로 통하는 '보릿고개'조차도 모르고 살았으니, 보릿고개의 시대를 살면서 보릿고개가 무엇인지를 모르고 살았다면 이 세상 하늘 아래 나보다 더 바보는 없었다고 해야 할 것이다.

그러한 내가 결혼을 해서 가난한 집으로 시집을 간 다음부터서 돈의 소중성과 가치를 조금씩 알게 되었으나, 때는 이미 지나 가버린 다음이었다. 돈을 벌 수 있는 기술도 없고, 경험도 없고, 의욕조차 가져 본 일이 없었으니 말이다. 그저 할 수 있는 것은 남편이 가져다 준 몇 푼의 월급봉투의 돈을 아껴서 써야 한다는 것뿐이었다.

그것도 단 두 사람만이 살아갈 때에는 크게 못 느꼈으나, 아들을 낳고 또 딸을 낳고 가족 수가 늘어남에 따라서 더 아쉬움을 느꼈다. 돈이 있을 때에 돈을 몰랐던 내가 돈의 필요성을 느꼈을 때에는 내가 필요로 하는 돈이 따라주지 않았다. 참으로 냉혹할 정도로 초등학교, 중학교, 고등학교까지는 고향에서 부모님의 은덕으로 살면서 학교를 다녔으니 세상일을 모르고 살았고, 대학교에 다닌다고 해서 서울로 옮겨 온 다음에도 부모님께서 부족함이 없도록 챙겨주셨으니, 그렇게 하는 동안 나는 나의 존재가치 조차도 모르고 살았었다.

그러다가 학교를 마친 다음 결혼을 했고, 자식들을 낳고 했으니, 내가 세상에 대해서 무슨 말을 해야 하겠는가고 늘 자책하는 마음으로 숨어서 살아야 했다. 배고픔도 배우고, 세상의 돌아가는 것도 느끼고, 삶에서 오는 아픔이나 억울함도 많이많이 배웠다. 그러한 이야기들을 하려면 또 다른 상대가 있기 때문에 행여라도 본의 아니게 상처를 주면 안 되겠기에 그러한 말들은 가슴 속에 묻어버려야 한다.

그러나 한 가지 분명한 것은 내가 예수를 믿고, 하나님을 알게 되었다는 것은 내 평생에 잊을 수 없는 하나님의 축복이요 은혜라고 생각한다.

예수를 믿고, 교회 예배에 참석을 한 다음부터 가장 먼저 깨닫게 된 것을 말한다면, "하나님은 살아 계신다, 그 하나님께서 나와 함께 하신다"라고 하는 그것이었다. 나를 낳아서 기르시고 가르쳐 주신 부모님도 다 내 곁을 떠나셨다.

더 가슴이 아픈 것은 세 사람이나 되는 내 남동생들이 왜 그렇게도 쉽게 줄줄이 부모님보다 먼저 세상을 떠났어야 했는지 지금도 생각하면 생각할수록 가슴이 미어질 것 같다. 지금도 때때로 나의 사랑하는 동생들을 생각하면서 눈시울을 적시는 것은 무슨 뜻일까?

그러나 내가 믿는 하나님께서는 단 한시도 내 곁을 떠나지 아니하시고, 언제 어디서나 항상 나와 함께 하신다는 이 사실은 곧 나의 믿음이요 나의 인생의 위로였다고 하는 것을 고백한다.

그리고 하나님께서는 나에게 새로운 자기 발견의 깨달음을 주셨다.

곧 '나의 나 된 것은 하나님의 은혜'라는 그것이었다. 내가 이 세상에서 가장 모르는 바보가 되지 않았으면 나는 나를 내 세웠을 것이다. 내가 해 낸 것처럼 뽐내고, 자랑도 하고, 교만으로만 가득 찼을 것이다.

그러나 하나님께서는 망각妄覺이 은혜되게 하기 위해서 '나'라고 하는 자신을 모르도록 망각 속에 몰아넣어 버리셨고, 나의 지혜를 자랑하지 못하도록 바보 속에 가두어 버리셨다.

그러므로 나는 내 양심으로 고백한다. "나의 나 된 것은 전적으로 하나님의 은혜恩惠이다"라고.

내가 새로움의 깨달음을 가진 것도 하나님의 은혜요, 내가 지금 살아있다는 것도 하나님의 은혜요, 내가 무엇을 할 수 있다는 것도 하나님의 은혜요, 나도 모르게 앞으로 되어 질 일들도 하나님의 은혜로 되어 질 것을 믿는다. 확실히 믿는다. 그래서 뒤늦게라도 나에 대한 꿈을 갖는다. 열심히 일을 하면 성취하게 해 주실 하나님을 믿는다. 내가 하는 일이 하나님께서 기뻐하시는 일이라면 반드시 이루어 주실 것을 확신한다.

일편단심 내게 남은 생애는 오직 하나님의 일을 하는 것으로 만족을 누리면서 살 것이다. 열심히 살아갈 것이다.

나는 소리쳐서 아주 크게 외치고 싶다.

"나의 나 된 것은 하나님의 은혜다, 그러므로 나는 하나님과 함께 산다, 나의 남은 생애를 바쳐서 하나님을 위하여 일을 하겠다."라고 손으로는 글을 쓰고, 입으로는 외치고 외칠 것이다.

그리고 하나님께서 명하시는 것이라면 나의 목숨을 드려서라도 오직 하나님을 위해서 일을 할 것이다.

그 다음에 되어 질 일도 하나님께 맡기고 열심히 일을 할 것이다.

3. 시간 속에 살면서 공간을 정복한다

사람으로 태어나서, 단순히 시간 속에 살다가, 시간 속에 살아지는 존재라면 너무도 억울하지 않을까?

분명히 사람으로서 이 세상에 태어났다는 것은, 시간時間만으로는 해석해서는 안 될 공간空間까지를 포함시켜서 존재를 설명해야 할 것이기 때문이다. 그렇다면 어떻게 시간적인 존재로서의 인간과, 공간적인 종재로서의 인간을 설명해야 할 것인가 하는 문제다.

우선 시간적인 존재로서의 인간이란, 각인에게 주어진 수명壽命을 따라서 살다가 시간 속에 사라진 존재라는 의미로 이해가 될 것이다.

그리고 공간적인 존재로서의 인간이란, 사람으로서 이 세상에 태어나서 자기의 분량만큼 크기의 공간空間을 정복하여 존재한다는 의미로 해석 될 것이다.

그러나 인간의 가치를 그렇게만 생각한다면 동물動物들과의 차이점은 어디에서 찾아야 할 것인가 하는 또 다른 질문이 나올 것이다. 분명히 사람은 사람으로서의 가치를 가지고 태어났기 때문에 사람으로서 갖는 가치기준을 어떻게 설정해야 할 것인가 하는 문제가 나올 것이다.

이에 대한 대답은 너무도 간단 할 줄 안다. 우리 인간에게만은 동물들이 갖지 못한 영혼이 있고, 이성理性이 있고, 양심良心이 있고, 인격人格이라는 것이 있다. 그리하여 우리 인간들에게만은 인간사회人間社會를 이루게 되고, 국가國家나 세계연합世界聯合같은 이루고, 또 그들이 어떻게 공동체사회共同體社會를 이루어서 살았는가를 기록한 역사歷史라는 것을 가지고 있다.

그래서 우리 인간들에게는 공동체 사회의 질서秩序가 있고, 이에 대한 한계의 규범을 정하기 위한 법法이라는 것이 있다. 사람이면 누구나 열심히 배우고, 한 평생토록 수고하여 일한다음, 배불리 먹고 살다가 가는 행복을 누리고 싶어 한다.

그 다음에는 죽음으로 끝나는 것이 아니라, 그 개인으로는 내세來世가 있다. 그렇다고 해서 또 내세가 있다는데서 끝내는 것이 아니라, 역사 속에서 살아남아야 한다는 것을 잊어서는 안된다.

역사 속에 살아남는다는 것은 내가 살았을 때에 역사를 배우고 익혔던 것처럼 또 다른 사람들이 나의 사후에 내게 대한 것을 익히고 배울 수 있도록 자기 나름대로의 흔적痕迹을 남겨야 한다. 이것이 시간 속에 살면서 공간을 정복한다는 참 뜻이라고 생각한다.

그리하여 나는 '시간 속에 왔다가 시간 속에 없어지는 사람이 아니라, 공간을 정복하여 자기의 가치를 더 확실하게 세우고 가는 사람이 되어야 한다'라고 생각한다.

그래서 우리 인간이란 잘 배워서 출세를 한 다음 잘 먹고, 잘 입고, 부귀영화富貴榮華를 누리면서 행복하게 살다가 죽으면 된다는 식의 가치관價値觀에 결코 동의 할 수 없다. 그것으로 뽐내고 자랑하는 것이 인간이라면 나는 너무도 억울할 것 같다.

거기에다 먹고 살만큼 재산을 모아서 자식들에게 남겨주는 것으로 성공한 사람이라고 하고, 복 받은 행복한 사람이라고 하는데 대해서도 쉽게 동의할 수 없다.

우리는 인류의 역사와 함께 참 가치의 진리를 심어주고, 사상을 심어주고 가신 영웅 열사들이나, 성현군자들의 사상을 배우고 가르침을 따르려는 인간 본능의 욕구는 무엇이라고 설명을 해야 할 것인가를 생각해 보아야 할 것이라고 믿는다.

물론 사람에게는 내적인 것과 외적인 것이 있다.

내적인 것으로는 자기 개인個人에 대한 것으로부터 시작하여 자기의 가문家門에 대한 것이라고 할 것이다.

그러나 사람이라면 그것으로 끝나는 것이 아니라, 더불어 살아가는 사회와 함께 가야한다는 불문율적인 강요를 받고 있다. 그 강요 때문에 더 많이 배워야 하고, 더 많이 가져야 하고, 더 많은 사람들에게 유익을 주어야 한다. 그렇게 하기 위해서는 먼저 자기라고 하는 욕심을 뛰어넘어야 한다. 즉, 이기심利己心을 버리고, 더 많은 사람을 위하는 공익公益에 뛰어 들어야 한다. 더 많은 사람을 위해서 쏟아부어야 한다는 말이다.

지식도, 명예도, 재물도, 자기가 가진 것을 더 많은 사람들에게 공급해 주는데서 그 사람의 사람됨에 따라서 그 사람의 외적인 실상을 설명한다는 말이다.

남들보다 더 많이 배웠으면 더 많이 배운 만큼 더 많은 사람을 위해서 베풀어야 한다. 남들보다 더 많이 가졌으면 가진 만큼 더 많은 사람들을 위해서 나누어 주어야 한다. 요즘 사람들이 그런 생각을 가진 사람들을 향하여 '빨갱이'라고 하든가? 더 구체적으로 말하면 '공산주의 자'라고 하든가? 더 이상 웃기는 소리 말라.

더 배운 만큼 더 많은 사람들의 유익을 위해서 일을 하고, 더 많이 가졌으면 더 많은 사람들에게 나누어 주고, 더 높고 큰 사람이 되었으면 자기보다 낮은 사람들의 유익을 위해서 고루 나누어 살자는 것이 왜 잘 못 되었다는 말인가? 부디 빨갱이니, 공산주의자니 라고.하는 말을 붙여야만 하겠는가?이를 '사랑'이라는 말로 바꾸어 보라.

이 얼마나 아름다운 일인가? 이웃사랑에서 올라서서 동포애同胞愛나 인류애人類愛로 승화시켜 나간다면 인류의 삶이 얼마나 더 행복하겠는가를 생각 해 보자.

역사는 자기의 역할을 가지고, 어떻게 얼마나 많은 사람에게 유익有益을 더해 주었는가 하는 것으로 그 사람을 배우게 되고, 따르게 되고, 존경尊敬하게 된다.

사람들은 태어나면서부터 그것을 배우고 그렇게 되기를

바라고 열심히 정성을 쏟아 붓는다.

그러나 그것은 아무나 해낼 수 없다. 아무것도 아닌 것 같으면서도 그렇게 쉬운 일이 아니기 때문에 못해낸다. 그러나 아무리 큰 일도 다 사람이 해냈던 일들이다. 바로 그것이 개인적으로는 전기傳記라고 할 것이요, 크게는 역사歷史라고 말하게 된다.

그렇다면 나라고 하는 하잘 것 없는 존재도, 어떤 위대한 인물과 꼭 같은 사람으로 태어났다. 그리고 꼭 같은 인생의 궤도軌道를 돌면서 같은 법칙 속에 그대로 살아간다.

그런데 어떤 사람은 공간空間을 정복하지만, 더 많은 사람들은 그저 시간時間 속에 살다가 시간 속에 살아져 갈 뿐이다. 여기에서 차이差異를 갖는다. 똑 같은 사람인데, 어떤 사람은 시간 속에 살다가 시간 속에 살아져 가버리지만, 또 어떤 사람은 공간을 정복하여 그의 존재를 영원히 남긴다.

그렇다면 공간을 정복한 그 사람은 누구일까 하는 문제다.

그 사람은 바로 역사 속에 살아서 세계의 인류에게 가르침을 주는 사람이다. 역사와 함께 살면서 더 많은 사람들에게 사상을 심어주는 사람이다. 더 많은 사람들에게 사람됨의 가치를 심어주는 사람이다.

그들은 다 헐벗었고 돈이 없어서 가난했다. 세상에 살아가는 동안에는 행복하다는 말을 들어보지 못했던 사람들이었다.

예수께서 말씀 하시기를, "사람이 만일 온 천하를 얻고도 제 목숨을 잃으면 무엇이 유익 하리요? 사람이 무엇을 주고 제 목숨을 바꾸겠느냐?"라고 하셨다.

그러므로 사람은 먼저 천하를 주고도 바꿀 수 없는 자기의 생명을 구원해서 영생을 누려야 한다. 그리고 더 많은 사람들에게 유익을 주는 역사 속의 인물이 되어야 한다. 자기 개인적으로는 영혼의 구원이요, 외적으로는 더 많은 사람들에게 유익을 선물하는 역사 속의 사람이 되어야 한다. 이것이 시간 속에 살면서 공간을 정복한 성공한 사람이다.

'나'라고 하는 존재를 시간 속에 살다가 시간 속에 없어지는 인간으로 관리를 한다면 이에서 더 큰 비극은 없을 것 같아서 다 공간을 정복하는 사람이 되자고 감히 권해 드린다.

4. 나에게는 친구가 없다

이 세상에 태어난 사람치고 친구親舊가 없다고 한다면 참으로 믿기지 않는 말이라고 할 것이다.

그런데 사실 나에게는 서로의 깊은 정을 주고받을 수 있는 친구가 없다. 나도 남들처럼 고향이 있고 초등학교, 중학교, 고등학교, 그리고 대학교와 신학교에 이르기까지 다녔으니 나에게도 마땅히 동창이 있고 동문이 있었는데도 별로 생각나는 친구가 없다니 내가 생각하기에도 참으로 한심스럽고 부끄럽다는 말 밖에 다른 변명의 말이 없다.

그것은 일차적으로 나의 성격性格 탓이라고 말하겠다. 내성적內省的인 나의 성격 탓이었는지는 모르겠으나 솔직하게 말해서 내게는 속말을 주고받을 수 있는 가까운 친구가 없다.

나는 처음부터 내 속말을 남에게 토하는 성격이 아니라 스스로의 가슴속에 담아두고, 혼자서 앓는 습관으로 일관했기 때문에 내게는 내 마음의 말을 터놓고 이야기 할 수 있는 친구가 없다.

남들처럼 잔소리를 많이 하는 성격도 아니고, 내 마음속에 있는 속내를 터놓고 어느 누구와 말을 하는 성격도 아니어서 자연히 남들과는 거리를 두고 외롭게 홀로 살아왔다.

그러한 내가 막상 붓을 들고 글을 쓰려고 하니까 하고 싶은 말들이 덩달아서 터져 나오기 시작한다. 하고 싶었던 말 한 가지를 글로 쓰고 나면, 또 다른 말들이 줄을 이어서 꼬리를 물고 터져 나오는 뜻이 무엇일까? 모르는 척 넘어가 버렸든 말들이 왜 덩달아서 터져 나오는 것일까?

내가 나를 의심할 정도로 하고 싶은 말들이 많고 많아서 이를 글로 쓴다.

그러므로 내가 쓰는 글은 어느 것 하나 글재주를 드러내기 위한 것은 단 하나도 없고, 하고 싶었든 말들, 가슴 속 깊이 간직 해 두었든 말들, 그리고 반드시 해야 할 말들을 글로 쓸 뿐이다.

이래서는 안된다. 이렇게 해야 한다. 그것이 모두가 살아가는 길이요 방법이다. 반드시 그렇게 될 것이다.

이러한 말들을 계속해서 쓰고 싶다. 내가 앞으로 몇 년을 더 살든지 나의 숨이 끊어지는 순간까지는 글을 쓸 것이다. 이것이 나의 인생이요 삶의 목적이라고 믿기 때문이다.

지금까지 친구도 없고, 말하기를 싫어했던 나를 감추어 두시고, 나에게 침묵沈黙을 하게 하신 하나님께서는 나와 함께 하셔서 나를 지켜 주셨고, 하나님께서 하셔야 할 말씀들을 나의 가슴 속에서 새어나지 않도록 꼭꼭 담아서 묶어 두셨다가 지금 때가 이르렀으니 글로 써서 말을 하라고 명하셨다고 믿기 때문에 더 많은 글을 쓰려고 한 것이다.

나는 자기 스스로의 힘으로 살아가지 못했고, 바보스럽게만 살아 온 내가 쉽게 이 세상에 넘어가 버리거나 해쳐나지 못할 정도로 빠져버릴까 봐 하나님의 지키심이 바로 이 방법이었다고 믿는다. 그래서 나는 내가 바보로 살아왔던 지난날의 모든 것이 나에 대한 '하나님의 뜻' 곧, 나를 간직해 두신 하나님의 뜻이었다고 믿는다.

그러므로 나는 지금 나와 함께 이 세상을 살아가는 사람들만이 아니라 미래에 태어날 사람들, 곧 인간의 역사歷史

가 끝나는 날까지 살아갈 사람들에게 하고 싶은 말들을 글로 써서 남겨주어야 한다는 사명감을 가지고 글을 쓴다.

나에게는 친구가 없었기에 내가 할 말들을 감추어 두었고, 나의 잔소리가 아닌 하나님께로부터 받은 사명감을 가지고 글을 쓰게 하신 하나님께 진심으로 감사한다.

아무 것도 몰랐던 나는 천하에 둘도 없는 바보 중의 바보였고, 친구 한 사람 없이 아주 외롭게 살아 온 나의 과거를 읽을 수 있다. 나와 함께 하신 하나님께서 나를 감추어 두셨다가 하나님의 때가 이르면 쓰시려고, 아주 못난 천하의 바보로, 친구 한 사람 없는 아주 외로운 자로, 남들처럼 제절거리는 잔소리를 못하도록 입을 막아 버리셨고, 세상에 빠지지 않도록 사람끼리의 줄을 끊어 버리셨고, 나의 가슴을 닫아 버리셨다.

그러나 때가 되었으니 이제는 말을 하고, 이제는 글을 통해서 더 많은 친구를 얻으라고 글을 쓰게 하셨다.

나에게 몰려 올 더 많은 친구들을 역사 속에서 찾기 위하여 나로 하여금 글을 쓰게 하시고, 가슴 속에 묻어 두었던 말들을 더 많은 사람들과 속삭이게 하기 위해서 나로 하여금 글을 쓰게 하신 하나님은 참으로 오묘하신 하나님이

시다. 오묘奧妙하신 그 하나님께서 천지만물을 창조하시고, 그 가운데서도 특히 나를 지으시고, 나에게 하나님의 비밀秘密한 것을 감추어 두셨다가 이제 와서 붓을 들어 글을 쓰게 하시니, 나는 하나님의 의지와 계획에 입을 벌려 감탄할 뿐이다.

나는 이런 것들을 글로 써서 지금의 사람들만이 아니라 내가 죽은 다음의 세대 사람들과 함께 나누어 이야기를 하고 싶어서 이러한 글을 쓴다. 그러므로 나는 진심으로 하나님 앞에서 나의 인생을 고백한다.

"내가 너를 버리지 아니하고,
세상 끝 날까지 너와 함께 하노라"라고.

5. 뜻도 모르고 세상을 살았다

나는 생각하면 할수록 나의 과거가 너무도 쑥스럽고 부끄럽다.

내가 살아야 할 이유도 모르고 뜻도 없이 살았으니 말이다.

어렸을 때는 부모님의 사랑을 받고 살면서 부모님께서 시키시는 대로 살았고, 결혼을 한 다음에는 남편이 시키는 대로만 살면 되는 것으로 알았고, 애를 낳아서 아이들을 기를 때에는 아이들의 뒷바라지만 잘 하면 되는 것으로 알고 살았고, 교회에 나가서는 권사가 될 때까지 교회의 목사님께서 시키는 대로만 살면 되는 것으로 알고 살았다.

솔직하게 말해서 나도 학교에 가야할 나이가 차고, 부모님께서 보내주시니 학교에 갔고, 남들이 다니니까 나도 학교에 다녔을 뿐, 왜 내가 학교에 가서 공부를 해야 하고, 초등학교, 중학교, 고등학교, 대학교를 가야 하는지를 전혀 모르고, 아무 생각도 없이 다녔을 뿐이다.

더구나 내가 예수를 믿었고, 교회에서 권사로 임직을 받았고, 하기는 했지만 솔직하게 말해서 나의 어떤 목표나 기대를 가지지 않은 상태에서 받았을 뿐이었다는 것이 나의 양심적인 고백이라고 해야 할 것이다.

그러한 내가 신학교란 또 무엇이었는가?

솔직하게 말해서 학교에 다닐 때는 나름대로 남에게 떨어져서는 안 되겠다는 생각으로 공부를 해서 급제及第하여 진급을 할 수 있었고, 졸업을 할 수 있었다. 그러나 왜 내가 그 어려운 신학神學을 공부해야 하는지조차도 모르고 그저 열심히 다녔고, 교수들의 강의를 정성껏 들었다고 하면 될 것이다. 뜻도 이유도 모르고 어떤 목적도 없이 다녔을 뿐이었다.

그러한 내게 대하여 나 스스로 생각 할 때에 세상에 대해서는 완전히 낙제생落第生이라는 고백 밖에 없는 내가 이제 와서 말을 하고 글을 쓴다는 것은 내가 생각하기에도 참으로 웃기는 일이다.

그런데 하나님께서는 예레미야 같은 대 선지자先知者를 부르실 때에 말씀하시기를, “내가 너를 모태母胎에 짓기 전에 너를 알았고, 네가 배에서 나오기 전에 너를 성별聖別하였고, 너를 여러 나라의 선지자로 세웠노라”라고 하셨다.

그리고 이어서 하시는 말씀이, “너는 아이라 말하지 말고, 내가 너를 누구에게 보내든지 너는 가며, 내가 네게 무엇을 명령하든지 너는 말할 찌니라. 너는 그들 때문에 두려워하지 말라. 내가 너와 함께 하여 너를 구원하리라. 보라, 내가 내 말을 네 입에 두었노라”라고 하셨다.

이러한 말씀을 통해서 나의 운명運命을 비롯한 나의 모든 것은 ‘오직 하나님의 뜻’이라고 하는 것을 알았다.

나는 나를 알지 못했으나, 나를 이 세상에 태어나게 하신 하나님께서는 나 같이 못난 사람에게도 뜻을 두시고, 나를 가르치시기 위해서 학교를 다니게 하셨고, 세상 속으로 빠질까 해서 친구가 없게 하시고, 입까지 다물게 하셔서 오직 바보스럽게 감추어 두셨다가 이제 와서 나를 들어 쓰시겠다는 것을 알았다.

그래서 나는 하지 못했던 말들을 글을 통해서 해야 하겠고, 가슴 속에 담아두었던 말을 글로써 하게 하셨다고 믿는다. 잘못 쓰는 글을 쓰면 쓸수록 끝이 없이 쏟아져 나와서 더 쓰고 싶은 것은 나의 마음이 아니라, 하나님께서 주신 마음으로 알고 사명감 속에 글을 쓴다는 말을 한다.

그래서 나는 글의 잘 쓰고 못 씀에 대해서는 상관하지 않는다. 그리고 글을 엮어서 책으로 펴내면서, 이 책이 더 많이 팔리고 안 팔리고는 관심조차 없다.

그저 내가 할 수 있는데 까지 쓰면 되고, 그것을 책으로 펴내면 되고, 지금이 아닌 내가 죽은 다음에 단 한 사람이라도 나의 글을 통해서 '하나님이 보시기에 좋은 사람'만 되어 진다면 나는 그것으로 하나님께 감사하고, 목적을 이루었다고 기뻐할 것이다.

아무 목적도 없이 이 세상에 태어났다가, 아무 뜻도 모르고 이 세상에서 살다가, 다른 사람들처럼 수명壽命이 다했으니 죽었다는 말만은 듣고 싶지 않다. 그래서 나는 글을 쓰고 더 많은 잔소리를 글로 남기려는 것이다. 여기에서 나는 자신감을 얻고 힘을 얻는다.

세상에 대해서 자신감이 없었다는 것보다 내가 살아야 할 이유도 모르고 살았고, 내가 무엇을 어떻게 해야 할 것인지도 모르고 살았고, 자기에게주어진 자기의 인생을 어떻게 무엇을 하면서 살아야 할 것이지도 몰랐고, 심지어는 왜 내가 살아야 하는지에 대해서조차 모르고 살았으니, 나야말로 참으로 뜻도 모르고 세상을 살아 온 대표적으로 못난 사람이라고 고백을 한다.

천지만물을 창조하시고, 한 사람 한 사람의 길흉생사화복吉凶生死禍福을임의로 주관하시고 지배하시는 살아계신 하나님께서는 나도 모르는 나를 이 세상에 태어나게 하시고, 나로 하여금 글을 쓰게 하신 것을 생각하면 그 은혜가 측량할 수 없어서 눈물로 하나님께 감사의 기도를 드린다.

그리고 새 다짐의 말과 하나님을 향한 고백의 말을 찬송가로 엮어서 노래한다.

웬 말인가 날 위하여 주 돌아 가셨나
이 벌레 같은 날 위해 큰 해 받으셨나

내 지은 죄 다 지시고 못 박히 셨으니
웬 일인가 웬 은혠가 그 사랑 크셔라

주 십자가 못 박힐 때 그 해도 빛 잃고
그 밝은 빛 가리워서 캄캄케 하도다

나 십자가 대할 때에 그 일이 고마워
내 얼굴 감히 못 들고 눈물 뿌리도다

늘 울어도 눈물로서 못 갚을 줄 알아
몸 밖에 드릴 것 없어 이 몸 바칩니다

6. 나에게도 남은 인생이 있다면

나도 나름대로의 인생을 살아보았다. 그래서 나는 육십 고개를 넘어서기 전에 나에게도 남은 인생이 있다면 어떻게 살아야 할 것인가를 아주 조심스럽게 생각해 본다.

어느 누구와도 상의를 한다거나 의논도 할 수 없는 나의 인생에 대해서 꼼꼼히 생각을 해 본다. 그러나 아무리 생각을 되풀이 해 보아도 나는 나의 인생에 대해서 너무도 모르고 있다는 것을 알았다.

그렇다면 나도 모르는 나의 인생을 어느 누구에게 물어볼 수도 없고, 그렇다고 해서 포기해 버릴 수도 없다. 아직도 내가 건재해 있고, 마음속의 꿈들이 많이 있는데 이를 다 포기해 버린다는 것은 안 되는 말이다.

우선 나의 인생을 알고 계시는 오직 한분의 하나님이 계시다는 것을 분명히 믿는다.

영원히 살아계시고, 언제나 나를 지켜주시고, 내가 어려울 때마다 나를 붙들어 주신 하나님이 나와 함께 계신다는 것은 나의 모든 것을 다 하나님께 맡겨두고 일을 하면서 살아가게 하신다는 사실을 믿게 해 주신다.

그래서 나는 내가 하는 일에 대해서 성패成敗는 논하지 않는다. 잘하고 못함도 가리지 않는다. 오직 나는 내가 할 수 있는 최선最善을 다 할 뿐이다. 그런 다음에는 하나님 앞에 무릎을 꿇고 조용히 눈을 감는다.

하나님께서는 내가 하는 일의 모든 것들을 다 알고 계시니까 내가 믿는 하나님께 조용히 보고를 드리고, 일을 하게 해 주신 하나님께 감사의 기도를 드린다.

그리고 또 그 다음에 해야 할 일에 대해서 생각해 본다.

가능한 남들이 안하는 일을 하고 싶고, 남들이 못하는 일을 하고 싶다는 것이 나의 마음이다. 남들이 안 하니까 내가 해야 하고, 남들이 못하니까 내가 해내야 하겠다는 마음이다.

그렇다면 과연 내가 그렇게 해 낼 수 있는 실력이 있고,

능력이 있고, 내가 해 낼 수 있는 가능성可能性이 있는가?한 마디로 말해서 그런 것들은 아무것도 없다는 것이 나의 솔직한 고백이다. 그런데도 내가 꼭 해야 하겠다는 것은 그것이 '하나님의 일'이라는 확신이 있기 때문이다.

내가 하려는 일들은 한결같이 하나님의 일이기 때문에 하나님께서 해 주실 것이라는 것을 믿는 믿음이 있을 뿐이다.

하나님께서는 나를 들어서 하나님께서 하시고자 하시는 일을 하실 것이라는 확신을 갖는다. 그래서 나는 남들이 안 하는 일을 하고 싶고, 못하는 일을 가려서 하고 싶다는 말이다. 나는 믿는다. '하나님께서 하시는 일이 곧 하나님의 일이다'라고 하는 것을 믿는다. 그래서 나는 하나님의 일을 하고 싶다는 마음이다. 이것이 나의 믿음이고, 이것이 내가 더 살아야 할 이유라고 말한다.

나는 어렸을 때에 아주 우연히 프랑스가 낳은 애국소녀愛國少女 잔다르크Jeanne-d' Arc: 1412-1431의 진기傳記를 읽어 본 일이 있다.

그녀는 프랑스의 한 촌閑村에서 가난한 농부農夫의 딸로

태어나서 남다른 교육도 제대로 받아 보지 못한 어린 소녀였다. 그러나 그 당시에 프랑스는 영국과의 100년 전쟁을 하고 있을 때였고, 프랑스 왕 샤를 7세Charles VII: 1403-1461는 오를레앙에서 영국군에게 포위되어 있어서 살아날 가망조차 없을 때였다.

바로 그 때에 소녀 잔다르크는 나라를 위하여 하나님께 기도하기를 시작했다. 나라를 사랑한다는 것은 국왕이나 정치를 하는 사람들만이 할 수 있는 전용물이 아니다. 더구나 불학무식不學無識하고 가난한 농부의 딸인 주재에 더구나 자신은 어린 소녀에 불과 했으나, 그런데도 나라를 위하여 날마다 하나님께 기도를 드렸다. 밤낮을 가리지 않고, 추위와 더위를 무릅쓰고, 몇 년간이나 구국의 기도를 했는지 자기도 모를 정도로 많은 기도를 했다.

그런데 잔다르크의 나이 열 여섯 살이 되었을 때에 어느 날 밤 꿈에 하나님께서 그에게 명하시기를 "너는 일어나서 프랑스를 구하라"라고 하는 하나님의 계시가 나타났다.

하나님의 계시를 받은 잔다르크는 지체하지 않고 남장男裝으로 위장을 한 다음 의용군義勇軍을 조직하여 싸움터로 달려갔다. 그리하여 마침내 그녀는 도망 다니기에 바빴던

샤를Charles 왕을 구출하고, 영국군과 맞서 싸웠기 때문에 영국과 프랑스 간의 100년 전쟁을 승리로 이끈 프랑스의 영웅英雄이 되었다.

나는 잔다르크의 전기傳記를 참으로 감동과 흥분된 마음을 감추지 못하고 열심히 읽어 보았다. 그리고 나는 깊이 생각 해 보았다. 프랑스의 영웅 잔다르크라는 소녀는 남과 같은 환경을 타고나지 못했으므로 뛰어난 학벌도 갖지 못했고, 남다른 기회가 주어진 것도 아닌데다 더구나 그는 시골 농부의 딸 어린 소녀에 불과 했다.

그런데도 그에게는 살아계신 하나님을 향한 남다른 믿음이 있었고, 어린 소녀의 가슴 속에는 아무도 흉내 낼 수 없는 나라 사랑의 애국심愛國心이 불타오르고 있었다.

거기에다가 프랑스와 영국과의 100년 전쟁은 어느 누가 보아도 영국의 승리로 끝이 나게 되었고, 자기의 조국 프랑스는 패망의 백척간두에서 꺼져가는 심지와도 같이 나라가 기울어져 버릴 때였다.

이 때에 한 시골 농촌에서 태어나서 남들과 같이 학교교육도 제대로 받아보지 못한 어린 소녀가 지극정성으로 나라를 위해서 하나님께 구국의 기도를 드렸고, 하나님께서는 그에게 나라를 위해서 싸우라고 명령을 해 주셨고, 마침내 그녀는 스스로 일어나서 의용군義勇軍을 모집한 다음 남장을 하고, 말을 달려서 자기 나라의 국왕 샤를 7세를 구출하고, 백성들을 움직여서 나라를 건져냈다.

그런 다음에는 여자가 남장男裝을 했다는 이유로 로마 교황청敎皇廳에서 주도하는 종교재판宗敎裁判을 받고 생포되어 영국군에게 넘겨져 불태워 죽임을 당했다.

그렇게 해서 그녀는 무명의 소녀로 역사 속에서 사라져 버릴 것 같았으나, 오히려 그는 역사 속에 길이 남아서 전 세계 인류의 가슴을 뭉클하게 해 주는 소녀영웅少女英雄이 되었다는 이야기다.

나는 아주 못난 한 사람의 여자일 뿐이다. 그리고 인생 후반기를 마무리하는 나이 많은 여자일 뿐이다. 남들에게 내어놓을 아무런 실력도 없고, 능력도 없고, 재간조차 없는 사람일 뿐이다.

자신의 무능과 무력을 고백하면서 스스로 하나님 앞에서 다짐을 해 본다.

내가 죽지 않고 살아있는 한 나는 죽은 다음을 위해서 일을 하겠다고 말이다.

내가 하려는 일이 나의 일이 아니고 하나님의 일 일진데, 하나님께서 해 주실 것이라는 확신을 갖는다. 그러한 확신이 나로 하여금 내가 더 살아야 할 이유가 되게 한다.

하나님의 일을 한다는 것은 나이도 건강도 아닌 오직 살아계신 하나님을 믿는 믿음이 있을 뿐이라는 고백을 전제로 한다.

하나님께서는 영원히 살아 계신다.

그 하나님께서 나와 함께 하신다.

그 하나님께서 나를 들어 쓰신다.

그러므로 나는 하나님의 일을 한다.

7. 그렇게 살았으니, 죽은 다음에는?

나는 글을 쓰기 때문에 나의 인생이 다 드러난 것 같아서 부끄럽기도 하고 쑥스럽기도 하지만 어차피 하나님 앞에서 다 드러날 것이기 때문에 하나하나 더 많이 고백을 해야 할 것 같다.

이미 나의 과거와 현재의 모습은 다 드러나 버린 것으로 안다.

참으로 부끄럽게 살았고, 못나게 살았고, 숨어서 살았고, 죽어서 살았고, 남들처럼 희희낙락거리면서 살아 온 것이 아니라, 울고 울고 또 울면서 이를 악물고 살았다.

뒤늦게나마 내가 나를 되찾게 되었고, 나름대로 꼭 살아야 할 이유를 알고 살게 되었고, 밥만 축내는 사람이 아니라 무엇인가를 해 보려고 노력을 하면서 살아갈 수 있다는 것만으로도 하나님께 감사를 드린다.

반백년이 넘도록 부끄럽게, 못나게, 숨어서, 울며 살아온 내가 이재 와서 무슨 할 말이 있겠는가마는 내게는 하고픈 말들이 너무도 많아서 이를 글로 쓴다.

온갖 부끄러움으로 가득 찬 후회後悔스러운 과거가 있었다면, 자랑스럽지는 못하지만 나름대로 밤낮을 가리지 않고 달리고 뛰면서 살아가는 현재도 있다. 그러나 보다 더 중요한 것은 현재 살아있는 내가 하는 일들에 대한 것들이다. 그러면서도 또 내 가슴을 떨게 하는 것은, 내가 죽은 다음에 대해서도 생각 해 보지 않을 수 없기 때문이다.

먼저는 하나님께서 보시기에 과연 내가 바르게 좋은 일을 하다가 하나님 앞에 가게 되겠는가? 아니면 여전히 부끄러운 일만을 저질러놓고 염치없이 하나님 앞에 서게 될 것인가 하는 문제이다.

그리고 또 하나 중요한 것은 내가 이 세상에서 살다가 죽게 되면 그 죽음으로 끝나 버릴 것인가? 아니면 몸은 죽었으나 오히려 살았을 때보다 더 많은 사람들과 함께 살아가게 될 것인가 하는 문제이다.

나 개인적으로는 예수를 믿었으니 구원 받은 몸으로 하나님의 나라 곧 천국天國으로 가면 끝날 것이다.

그러나 그것도 내가 할 수 있는 능동적能動的인 일이 아니라, 하나님의 뜻에 따를 것이니 나로서는 할 말이 없다.

그러나 생각나는 것은 후대의 사람들에 의한 평가評價가 어떻게 나올 것인가 하는 문제이다. 나의 죽음으로 나에 대한 모든 것이 다 끝나 버린다면 별다른 할 말이 없다.

그러나 기왕 이 세상에 태어나서 자기의 수명壽命대로 살았다면 후대의 사람들을 위해서 무엇을 어떻게 남겨놓고 갔는가 하는 것으로 역사歷史의 심판을 받게 될 것이기 때문이다.

나는 결코 죽음으로 모든 것들을 끝내버리고 싶지는 않다. 한 사람에게라도 더 많은 사람들에게 남겨주기 위해서 현재를 살면서 일을 해야 한다는 마음으로 살아가고 있다.

공과功過에 대해서는 전혀 말을 하고 싶지 않다. 그것은 전지전능全知全能하신 하나님께서 알고 계실 것이고, 또한 후대의 사람들이 가릴 것이기 때문이다.

하나님께서는 나의 영혼을 영원한 영생永生으로 인도해

주실 것을 믿는다.

그러나 후대를 살아갈 사람들은 내가 남긴 것들을 가지고 단순히 시비是非를 하는데서 끝나는 것이 아니라, 내가 닦아둔 길을 걷고, 내가 심어놓은 나무의 열매를 따먹고, 내가 하다가 남겨둔 일들을 계승繼承할 것이며, 내가 남긴 말들을 따라서 살아갈 것이기 때문에 나의 사후死後가 살았을 때보다 더 중요하다는 것을 느끼게 한다.

내가 이 세상에 태어난 다음부터는 거의 한 평생을 배우며 산다. 아주 열심히 배우면서 살아간다.

단순히 글을 배우는 것이 아니라, 세상을 살아가는 삶의 지혜知慧를 배우고, 앞서 가신 위인들의 삶에 대한 철학哲學을 공부하고, 어떻게 하면 나도 그렇게 살아갈 수 있을까 하는 것을 배운다.

배우고, 배우고 또 배워도 끝이 없이 배워야 할 것들이 가득 쌓인 뜻이 무엇일까?

나도 그들처럼 알기 위해서 배우기라기보다는 나도 그들처럼 살면서, 그들이 남겼든 것처럼 나도 후대의 사람들에게 배울 것을 남겨두기 위해서 살아야 하고 일해야 한다는 것을 느낀다.

그리고 보면 사람이란 살아서 끝나는 것이 아니라, 더 오랜 세월을 위해서 일을 하며 살아야 한다는 것을 절절히 느낀다.

일을 한다는 것은 그렇게 쉬운 것이 아니다. 육체적인 노력의 힘이 들고,

많지 않은 물질의 투자를 해야 하고, 더 많은 사람들의 동지同志들을 끌어 모아야 하고, 쉼 없는 부단한 정성을 쏟아야 한다.

그렇게 하기 위해서는 엄청난 자기희생自己犧牲의 대가를 지불해야 한다. 여기에 타산打算이란 있을 수 없다. 무조건 바쳐야 할 것뿐이다.

다 바치다 못하여 마지막에는 자기의 생명까지도 바쳐야 한다.

그렇게 살아야 하고, 그런 마음으로 일을 해야 한다. 그렇게 하는 것이 곧 '하나님의 일'이니까 말이다.

내 주여 뜻대로 행하시옵소서

살든지 죽든지 뜻대로 하소서

둘째

과연 내가 설 자리는 어디?

†

나는 내게 대하여 너무도 몰랐던 바보였으니 이제 와서 무슨 말을 하랴마는, 뒤늦게라도 글을 써서 나의 나 됨을 고백할 수 있다는 것으로 삶의 보람을 느끼고, 이것을 알게 해 주신 살아계신 하나님께 감사할 뿐이다.

지금까지 살아오면서 한 여인으로서 살아온 나는 사람으로서의 모든 과정을 다 밟았다고 생각한다. 나를 낳아주신 부모님의 둘째 딸로 태어나서, 남들이 다니는 대로 나도 학교를 다녔고, 결혼을 해서 가정도 이루어 보았고, 아들 딸 아이들을 낳아서 엄마도 되어 보았으나, 정작 나는 내게 대해서 아무것도 모르고 살았다.

어느 것 한 가지도 나 스스로의 뜻이나 목적을 가져서가 아니라, 목숨이 붙어 있었기 때문에 그렇게 살았다는 고백이 더 맞는 말일 것이다.

목적 없이 이 세상을 살아 온 내가 이 세상에서 나의 설 자리가 어디라는 것을 알았다면 바로 그것이야말로 참 거짓말일 것이다. 그렇게 살아왔으니 말이다.

'나'라고 하는 인생은 나도 모르는 곳에서 방황을 했고, 열심히 살면서도 왜 그렇게 살아야 하는 것조차도 모르고 살았다면, 나 스스로도 나를 의심했다는 것이 맞는 말일 것이다. 그저 할 수 있었던 것은 울고, 울고, 울기를 얼마나 했 는지 나도 모를 정도로 남모르게 많이 울면서 살았다.

왜 내가 무엇 때문에 살아야 하며, 지금 내가 몸을 담고 서 있는 곳이 어디며, 왜 이 자리에 서 있는 것일까 하는 것조차 모르고 살았다면 나야말로 이 세상에서 둘도 없는 바보요, 못 난쟁이요, 가치조차도 찾아볼 수 없는 나였다.

전적으로 실종失踪된 자아自我, 아무런 삶의 뜻도 모르고 살아 온 바보였던 나, 자신을 위해서 산 것이라고는 단 한 가지도 없고, 오직 남을 위해서 끌려 다니면서 살았던 나는 이제 와서 무슨 탓을 하고 변명을 해야 할 말이 없다.

그래서 나는 더욱 더 하나님께 감사하면서 남은 생애가 얼마가 되었든지, '하나님 보시기에 좋은 사람'이 되고 싶다.

그리고 하나님의 일을 하고 싶다. 이것이 나의 삶의 목적이요, 하나님께서 내게 주신 사명이요, 내가 이 세상에 태어나게 된 이유라는 마음으로 일을 할 것이다.

내게 남은 생애를 다 바쳐서라도 사람다움의 사람이 되고 싶다. 무엇인가 사람으로서의 흔적痕迹을 남기고 싶다.

누구를 위해서가 아니라, 나도 이 세상을 살았으니 어떤 책임감 같은 것을 느낀다는 마음으로 흔적을 남기고 싶다.

하나님께서는 나를 아무런 목적도 없이 태어나게는 하지 아니 하셨을 것이라는 확신이 있기 때문에 이제 부터서라도 나의 흔적을 글로 남기고 싶다.

나의 솔직한 고백 한 가지는 나의 힘으로 어느 무엇을 할 수 있는 능력能力도 기력氣力도 전혀 없다. 다만 내가 할 수 있는 것은, 그동안 감추어 두었던 말들을 글로 써서 모든 사람들에게 들려주고 싶고, 함께 말을 하고 싶다는 것이다.

1. '나'라고 하는 사람을 찾았을 때

실종失踪된 사람으로 살아 온 나는 '나'라고 하는 사람 자체를 모르고 살았다는 말이 맞을 것이다.

이 세상을 살아가는 사람으로서 살아가는 과정을 생각해 보면, 어렸을 때와, 젊음의 청춘靑春시절과, 성인으로서 생활전선에서 싸우면서 살아갈 때와, 늙어서 마지막을 장식하는 노년기老年期로 나누어서 생각 해 볼 수 있을 것이다.

이를 다시 분석 해 보면, 어렸을 때는 인생을 준비하는 기간으로서, 성장을 위한 건강관리와, 세상을 알기 위한 배움과, 살아가기 위한 지혜를 터득하기 위한 공부를 해야 하고, 더불어 살아가는 세상살이의 훈련을 받아야 하고, 청춘시절에는 가정을 이루어서 사회의 구성원으로서 임무를 다 해야 하고, 가정을 이룬 다음부터서는 지금만이 아니라 다음 세대를 위한 책임감을 가지고 준비를 해 주어야 하고, 노년기에 이르면 모든 것을 접어두고, 다음 세상을 바라면서 살아간다.

그런데 그 모든 것들이 다 결국은 자기 자신을 위한 것일 뿐, 다른 사람을 위함이라는 목적은 찾을 수 없다. 그저 결과적으로 어떻게 했다는 것을 찾을 뿐이다.

이러한 것들을 알고 난 나는 참으로 부끄러움으로 가득 찼을 뿐이다.

끌려 다니는 삶을 했고, 자기를 잊어버린 실종된 사람으로 살았으니 말이다. 내가 왜 살아야 하는지 조차 모르고 살았다면 더 이상 무슨 말을 하겠는가?

그런데 이 세상에 태어난 사람이라면 어느 누구를 막론하고 자기의 본분과 책임이 있고, 목적을 가지고 태어났다. 그러나 대부분의 사람들은 나처럼 그것을 모르고 살아가고 있다는 말이다.

존재의 목적도 모르고, 형식의 목적도 모르고, 흘러가는 세월에 묻혀서 그저 떠내려가는 세상을 살아가고 있다. 그러나 성경은 분명히 우리에게 존재와 형식의 목적을 너무도 정확하게밝혀주고 있다.

"하나님이 지으신 그 모든 것을 보시니, 보시기에 심히 좋았더라"라고 하셨다. 이것이 존재를 발생시키신 창조주 하나님의 뜻이요, 나를 이 세상에 태어나게 하신 이유요 목적이다.

창조주 하나님께서 왜 나를 이 세상에 태어나게 하셨는가를 알아야 하고, 나도 이 세상에 태어날 때에는 하나님이 보시기에 심히 좋은 사람으로 태어났으니 먼저 하나님 보시기에 심히 좋은 사람이 되어야 한다.

그리고 나와 함께 살아가는 가족들을 비롯하여 더불어 살아가는 모든 사람들을 하나님이 보시기에 심히 좋은 사람으로 인도해야 하고, 그 다음에는 내가 하는 모든 노력이 하나님이 보시기에 심히 좋은 것들을 찾아서 밝혀내는 연구를 해야 하고, 그렇게 해서 내가 하는 모든 일들이 하나님이 보시기에 가장 좋은 일이 되어야한다.

사람들은 이를 두고 믿음 곧 신앙信仰이요, 윤리倫理요, 도덕道德이라고 말한다. 그러나 성경은 창조주 하나님을 기쁘시게 하는 것이 신앙이나, 윤리나, 도덕이기 이전에 존재存在의 목적이요, 형식形式의 목적이 되어야 한다는 말씀이다.

나는 '나'라고 하는 나의 존재存在로부터 시작하여, 내가 해야 할 형식形式의 모든 것들이 나를 있게 하신 하나님이 보시기에 심히 좋은 사람이 되어야 하겠다는 것 이 외에는 아무 것도 없다.

지금도 그렇고, 앞으로 살아갈 때에도 그렇고, 심지어는 내가 죽은 다음에 이 세상이 끝나는 날까지 역사는 계속 될 것이고, 그 역사 속에 살아서 함께 살아가는 사람이 되어 하나님이 보시기에 심히 좋은 사람이 되고 싶다는 그것 밖에 다른 것이 없다.

나의 존재 목적과, 내가 해야 할 일들을 깨달았을 때의 나는 어느 한 가지도 내가 해 낼 것이라는 나의 자신감自信感 같은 것은 하나도 없다.

그러나 나는 창조주創造主 하나님을 믿는다. 무無에서 유有를 발생시키시고, 사람의 힘이나 능력으로는 할 수 없는 것들을 가능하게 해 주시는 전능하신 하나님의 능력을 믿는다. 우리는 그것을 이적異蹟이라고 한다. 나는 하나님의 이적을 믿는다. 나라고 하는 사람을 하나님의 이적으로 이끌어 주실 것을 믿는다.

그 하나님께서 나와 함께 하심을 믿는다. 그래서 나도 할 수 있다는 것을 믿는다. 그렇게 믿고 해야 한다는 것을 사명으로 알고 일을 한다.

우리는 긴긴 세월歲月을 말한다.

그러나 그것은 앞으로 다가 올 세상에 대한 것들일 뿐, 자기에게 주어진 세월이 얼마일지는 아무도 모른다. 나의 생사를 주관하시는 하나님만이 알고 계실 것이다. 자기의 운명運命조차도 모르고 속아서 살아가는 인생이 아닌가?

자기에게 주어진 생을 하나님을 위해서 일을 하며 산다는 것은 참으로 하나님이 보시기에 심히 좋은 일이라고 믿는다. 자기에게 주어진 남은 생애가 결코 길 것이라는 것에 속아서 미루는 일이 없게 하자.

성경은 너무도 정확하고 분명하게 말씀 해 주고 있다.

"사랑하는 자들아, 주께는 하루가 천년 같고,

천년이 하루 같다는 이 한 가지를 잊지 말라"

2. 나는 하나님의 심부름 꾼?

나는 하나님의 심부름꾼이다.

심부름꾼은 자기의 일을 하는 사람을 가리켜서 하는 말이 아니다. 자기를 버리고, 명령으로 시키는 주인의 일을 맡아서 전달傳達하는 사람이 심부름꾼이다.

능동적으로 일을 하는 일꾼도 아니고, 하나님께서 시키시는 메시지를 전달하는 심부름꾼일 뿐이다. 내 말을 하려는 것이 아니라, 하나님의 말씀을 전달하려는 것이다. 나는 스스로 무능자無能者라고 하는 사실을 알고 있기 때문에 나는 아무 것도 할 수 없다. 그러므로 나는 하나님께서 시키시는 메시지를 전달하려는 것일 뿐이다.

하나님의 심부름을 하기 위해서 떠난 나의 인생길은 너무도 험난하고, 어려웠다. 그것이 곧 나의 운명이요, 인생으로 가는 길이었다. 그러나 알고보니 그것이 곧 나를 심부름꾼으로 세우신 하나님의 뜻이요, 명령이라는 것을 나는 모르고 살았다.

우리는 목사님들을 향하여 '하나님의 종'이니, 또는 '하나님께서 보내신 선지자先知者'니 하는 소리를 한다. 이는 좀 더 깊이 그 뜻을 알고 사용해야 할 용어라고 생각한다.

종은 자기의 생명권生命權까지도 주인에게 맡겨버린 사람이다. 일을 시키는 것만이 아니라 매매賣買의 행위나, 죽이는 권리까지를 주인에게 맡겨 버린 사람일 것을 뜻하는 말이다. 하나님의 종이면 자기의 목숨까지도 하나님의 주권 앞에 맡겨 버려야 비로소 하나님의 종이라고 할 수 있을 것이다.

또, 하나님이 보내신 '선지자先知者'라면 자기의 말이 아닌 하나님의 말씀만을 전달하는 사람이 되어야 할 것이다. 더구나 하나님의 선지자로 왔으니 어떤 누구에게라도 물질적인 대가代價를 탐해서는 안 될 것이다. 그런데 현대판 목회자들의 경우 참으로 안타까운 충정에서 말을 하기조차 쑥스럽다.

나는 글을 통해서 하나님의 말씀을 전달하고, 하나님의

뜻을 알려 드리고 싶다. 이것은 세상에서 세운 법法도 아니고, 제도制度도 아니다. 바로 그것은 하나님의 뜻이요, 참진리眞理다.

하나님이 보시기에 심히 좋은 것이 존재의 목적이요, 형식의 목적이요, 사람 된 나의 목적이라면, 이 세상 사람들이 다 하나님 보시기에 심히 좋은 사람이 되도록 만들어야 한다. 하는 일들이 하나님 보시기에 심히 좋은 일이 되도록 가르쳐야 한다.

여기에는 나의 행복이나, 영화 같은 것이 끼어들면 안된다. 오직 명하시고 시키신 하나님의 기뻐하시는 심부름을 다 하기 위해서 나의 모든 것을 다 바쳐야 한다.

이는 물질이 아니라, 나의 인생 전체를 하나님을 위해서 바쳐 드려야 한다는 말이다. 하나님의 심부름을 더 잘 해내기 위해서 열심히 달려가야 한다. 어떠한 고난苦難이 부딪쳐 오고, 어떠한 시련이 몰려와도, 하나님의 심부름을 바르게 더 잘하기 위해서는 그 모든 것들을 참고 이겨내야 한다. 심지어는 쓰러지는 순간까지 하나님의 심부름꾼으로서의 본분을 다해야 비로소 '하나님의 심부름 꾼'이라는 말을 하게 될 것이다.

그렇게 한 다음에 올 것은 물을 필요가 없다.

칭찬稱讚이냐, 징벌懲罰이냐 하는 것은 하나님께서 결과적으로 내려 주실 하나님의 주권主權이다. 그것은 나의 선택選擇이나 시비是非가 아닌 하나님의 주권적인 의지일 뿐이다.

하나님의 뜻을 거역拒逆하거나 침범侵犯할 수 없다. 순종順從이 있을 뿐이다. 그 이유는 하나님의 심부름꾼이기 때문이다.

어떠한 수고로움도 가릴 수가 없고, 어떠한 고통도 피해갈 수가 없고, 어떠한 희생도 달게 받을 각오 이외에는 아무 것도 없다.

나에게 최고最高는 없다. 최선最善이 있을 뿐이다. 이것도 나의 결정이 아니다. 나를 심부름꾼으로 들어 쓰신 하나님의 판단이요 결정일 뿐이다. 나는 오늘도 열심히 나의 최선最善을 다해서 하나님의 심부름을 해내는 그것뿐이다.

현대판 목회자牧會者들이 너무도 세상에 기울어지고, 물질에 탐익貪益을 하고, 세상의 명예名譽를 좋아 하고, 하나님의 이름을 팔아서 자기의 실속을 챙기는 일에만 혈안이 되어있는 것 같아서 아쉬운 마음을 금할 길이 없다. 왜들 이러실까?

"하나님의 이름이 이방인들 중에서 너로 인하여 모독을 받는 도다"라고 하신 성경말씀을 어떻게 믿고 해석을 하고 있을까 하는 의문이 일뿐이다.

하나님의 심부름을 하는 참 심부름꾼은, 자기에 대해서 돌아다 볼 시간이 없다. 그렇게 해서도 안된다. 오직 심부름을 시키신 하나님을 위해서 자기의 목숨을 드려서라도 주어진 심부름의 일을 다 해내야 한다.

하나님의 참 심부름꾼은 하나님께로 부터의 칭찬稱讚과 상급賞給이 주어 질 것을 믿는다.

"이러므로 우리에게 구름같이 둘러싼 허다한 증인들이 있으니, 모든 무거운 것과, 얽매이기 쉬운 죄를 벗어 버리고, 인내忍耐로써 우리 앞에 당한 경주競走를 하며, 믿음의 주요, 또 온전케 하시는 이인 예수를 바라보자. 그는 그 앞에 있는 기쁨을 위하여 십자가를 참으사 부끄러움을 개의치 아니 하시더니, 하나님 보좌寶座 우편에 앉으셨느니라"

3. “너는 너의 본토 친척 아비 집을 떠나, 내가 네게 지시하는 곳으로 가라”

나는 예수를 믿는 사람이고, 조직체로서 한 교회의 권사요, 나도 모르게 과정을 마친 신학교神學校 출신의 한 사람이다.

그런데도 성경에서 말씀하고 있는 참 뜻을 모르고, 그저 몰려 다녔을 뿐이었다는 것이 솔직한 나의 고백이다.

“너는 너의 본토 친척 아비 집을 떠나, 내가 네게 보여줄 땅으로 가라”라고 하신 말씀은 믿음의 조상 아브라함을 부르실 때에 하신 하나님의 말씀이다.

나는 오랫동안 예수를 믿으면서도 이를 하나님께서 아브라함에게 하신 명령의 말씀으로만 알고 살아왔다.

그러나 곰곰이 생각하니, 이 말씀이야 말로 하나님께서

나에게 하신 말씀이요, 예수를 믿는 모든 사람들에게 하신 말씀이라는 것을 뒤늦게야 깨닫고 알았다. 그리고 이 말씀을 통하여 과연 예수를 믿는다는 것이 무엇인가를 알았다.

즉, 하나님의 부르심과 믿음이라는 것은, “떠남”으로부터 시작 된다는 것을 알았다.

나의 고향이나 본토도 말고, 나의 친척이나 아비 집 같은 세상의 줄도 다 끊어 버리고, 오직 하나님께서 보여주실 곳, 하나님께서 명하신 일, 하나님께서 시키시는 일만을 위해서 가는 것이 믿음이라는 것을 알았다.

떼몰려 다니면서, 하나의 풍속風俗과 제도制度에 따라서 관행적으로 행하는 것이 믿음이요, 예배라는 생각에서 벗어나지 않고서는 성경적인 믿음에 이를 수 없다는 것을 알았다.

세상에서 부귀영화富貴榮華를 누리는 것이 믿음에서 오는 하나님의 축복이요 은혜라는 생각은 크게 잘 못 됨이다.

기독교 신앙의 역사적인 참 표본을 말하려면, 사도들의 시대로부터 시작하여 4세기 초에 이르기까지 교부시대였다는 것은 누구나 다 알고 있는 역사적인 사실이다.

그 역사시절에 믿음의 선각자先覺者들은 한결 같이 순교자殉教者들이었다. 이것이 성경의 진리요, 기독교 신앙의 전형典型이다.

그러므로 나는 먼저 하나님 보시기에 좋은 사람이 되어야 한다. 내가 하는 모든 일들이 하나님 보시기에 가장 좋은 일이 되어야 한다.

사람들은 이를 두고 신앙信仰이요, 윤리倫理요, 도덕道德이라고 말한다. 그러나 성경은 창조주 하나님을 기쁘시게 하는 것이 신앙이나, 윤리나, 도덕이기 이전에 존재存在의 목적이요, 형식形式의 목적이라는 말씀이다.

나는 '나'라고 하는 나의 존재로부터 시작하여 내가 해야 할 형식의 모든 것이 나를 있게 하신 하나님의 보시기에 심히 좋은 사람이 되어야 하겠다는 그것 이 외에는 아무 것도 없다.

지금도 그렇고, 내가 죽은 다음에 세상이 끝나는 날까지 역사는 계속 될 것이고, 그 역사 속에 살아서 함께 살아가는 사람이 되고 싶다는 그것밖에 다른 것이 없다.

나의 존재 목적과 해야 할 일을 깨달았을 때의 나는 어느 한 가지도 자신감自信感이라고는 전혀 없다. 그것은 이 세상에 대한 미련의 줄을 아직도 확실하게 끊어 버리지 못 한데서 찾는다.

우리가 하나님께로 돌아가기 위해서는 회개悔改를 전제로 한다. 그 회개란 첫째는 끊어버림이요, 다음은 돌아섬이요, 그 다음은 새 길을 가는 것이다. 새 출발로 시작되는 길은 내가 선택한 길이 아니고, 나를 부르신 하나님의 선택에 의해서 가는 길이어야 한다.

내가 가야 할 길을 나는 모른다. 어떠한 일이 일어날 것인지도 모르고 가야 한다. 나를 부르신 하나님께서 인도하시는 믿고, 맡기고, 세상이 아닌 하나님만을 의지하고, 하나님이 보시기에 심히 좋은 길을 가야 한다. 내가 보기에는 아무리 험난한 길이라고 할지라도, 하나님께서 명하신 길이이 가야 한다. 이것이 믿음이고, 하나님이 보시기에 심히 좋은 사람으로 가는 길이다.

나는 그렇게 하는 것이 믿음이요, 나를 향하신 하나님의 요구라는 것을 알면서도 잘 따르지 못한 것이 늘 하나님께 송구스럽다. 나의 본토가 되는 이 세상이나, 내 머리를 점령하고 있는 욕심들이 나를 가로 막고 있어서 이것들을 완전히 끊어 버리지 못했으니, 아브라함에게 말씀하신 하나님의 명령을 따르지 못하고 있다는 것을 고백한다. 세상 줄을 완전히 끊어버리지 못한 내가 무엇을 하나님께 구할 수 있겠는가?

그러나 나는 창조주 하나님을 믿는다. 무無에서 유有를 발생시키시고, 할 수 없는 것들을 가능케 해 주시는 전능全能하신 하나님을 믿는다. 그 하나님께서 나와 함께 하심을 믿는다. 그래서 나는 할 수 있다는 것을 믿는다. 그렇게 믿고 해야 한다는 것을 사명으로 알고 일을 한다.

4. 세월을 아끼라 때가 악 하니라

우리는 '긴 세월歲月'을 말한다.

그러나 세월은 흘러가는 물과 같아서 유수세월流水歲月이라고 한다. 이 말은 곧 세월이 긴 것이 아니라 아주 짧다는 뜻이다. 좀 더 적극적으로 말하면 인생이란 그렇게 긴 것이 아니라 아주 짧다는 말이요, 사람마다 자기의 운명을 길 것이라는 허무한 생각에 속아서 살지 말고 언제나 준비하고 살아야 한다는 뜻이 함께 포함되어 있다.

세계가 부러워하는 우리 한국인의 두뇌와 재주에 비하여 우리 국민들의 시간관념이 너무도 없다. 그것은 현대 과학 문명의 혜택을 받지 못하고, 이른 새벽부터 밤중까지 해를 기준으로 살아왔던 습관 때문이었다고 할 것이다. 해가 뜨면 날이 밝았으니 악착같이 일을 해야 했고, 해가지면 밤이 되었으니 일손을 멈추고 쉬어야 했고 잠을 잤으니 말이다.

시간 가는 줄도 모르고 일을 하면서 살아왔던 우리 한국인은 시간을 쪼개서 쓰는 습관이 없었기 때문에 시간관념時間觀念이 없었는지도 모른다.

그러나 그 시간 속에 흘러가는 세월을 모르고 살았다는 것은 자기 인생의 출세와 함께 더불어 살아가는 공동체 사회의 기준을 모르고 살았기 때문에 자연히 시간관념이 없었던 것이다.

시간 곧 세월이란 짧은 인생을 살아가면서, 자기의 운명을 결정짓게 된다. 누구를 위해서 라기 보다는 먼저는 자신을 위해서이고, 다음에는 더불어 살아가는 공동체 사회를 살아가기 위함인데, 시간관념을 외면했던 우리 국민의 풍속은 자신도 모르는 사이에 민주시민으로서의 의식까지도 둔하게 해 버렸다.

"하나님 보시기에 심히 좋은 사람"이라는 말씀 속에는 당연히 세월의 아낌 곧 시간관념까지도 포함된다고 생각한다.

그래서 하나님이 보시기에 심히 좋은 사람이란 첫째는 영생하는 영혼의 구원이요, 다음에는 살았을 때만이 아니라, 죽은 다음에까지도 하나님이 보시기에 좋은 사람으로 남아야 한다는 뜻이라고 믿는다.

사람이 세월을 아낀다는 것은 하나님 보시기에 가장 좋은 일차적인 형식形式이라고 생각한다.

우리는 세월을 아껴서 하나님이 보시기에 심히 좋은 사람이 되어야 한다.

하나님이 보시기에 심히 좋은 사람이 되기 위해서는 먼저 영혼의 구원을 이루어야하지만, 그 사람은 세월을 아끼며 살아가는 동안 하나님 보시기에 선善한 일을 행하는 사람이 되어야 하고, 그렇게 하기 위해서는 역사 속에 남는 사람이 되어야 한다.

바로 이렇게 하는 방법이 자기와의 싸움에서 이겨야 하고, 시간과의 싸움에서 이겨낸 승자勝者의 삶이라는 말이다. 자기를 사랑하고 아끼는 사람이라면 먼저 시간을 아끼는 것으로부터 시작 되어야 한다는 말이다.

자기와의 싸움에서 이겨야 하고, 시간과의 싸움에서 이겨내지 못하면 결코 승리나 성공이란 없다.

소리 없이 흘러가는 시간 곧 세월에 속지 말라. 그리고 물과 같이 흘러가는 세월에 미루지 말라. 바로 지금이 그

때요 해야 할 때다.

시간은 곧 기회機會다. 그 기회가 왔을 때에 붙들어야 한다. 그 기회를 잃으면 날아가는 새와 같아서 다시 오지 않는다. 세월을 따라가는 사람이 아니라 세월을 붙드는 사람이 되어야 한다.

세월이란 깜빡하는 순간瞬間의 연장일 뿐이다. 내일로 미루는 습관, 다음에 하겠다고 남겨놓는 습관, 오늘이 아닌 내일에 하겠다고 여유를 부르는 습관은 결코 잘 한 것이 아니다.

사람이 나이가 많아서 늙은 것이 아니라, 세월을 붙들지 못해서 늙고, 사람마다 기회가 없어서 실패한 것이 아니라, 흐르는 세월을 자기가 붙들지 않았기 때문에 성공에 이르지 못했을 뿐이다. 누구에게나 공평하게 주어진 기회, 그것은 곧 다 함께 살아가는 세월 속에 있다.

그래서 세월은 지금도 소리쳐 외치고 있다. "세월을 아끼라 때가 악惡하니라"라고 소리치고 있다. 사람의 성패成敗는 돈이 아니라 시간 곧 세월이다. 그리하여 세월을 아끼라고 말씀하고 있다.

깜빡하는 촌음寸陰의 연장이 곧 긴긴 세월이다. 그러므로 세월을 아껴야 한다. 세월의 낭비는 곧 실패失敗요 악惡이다.

세월은 어느 누구만을 위해서 존재하는 것이 아니라, 모든 사람에게 똑 같이 아주 공평하게 주어진다. 어느 누구도 기회가 없었다는 말을 못하도록 아주 공평하게 똑 같이 주어졌다. 바로 그것이 시간이다. 세월을 기간으로 생각하지 말고, 초침秒針 속에 돌아가는 시간으로 생각하고, 째깍째깍하는 시계바늘 초침의 돌아가는 시간을 붙들어야 승리勝利할 수 있다. 시간을 붙드는 사람만이 승리할 수 있고 성공에 이를 수 있다. 그래서 "세월을 아끼라. 때가 악 하니라"라고 말씀한 것이다.

성경은 우리에게 너무도 정확하고 분명하게 말씀 해 주고 있다.

"사랑하는 자들아, 주께는 하루가 천년 같고,

천년이 하루 같다는 이 한 가지를 잊지 말라"

5. 눈물을 흘리며 씨를 뿌린다

나는 아주 부끄러운 일들을 하나하나 털어놓아야 하겠다. 그 부끄러운 일, 곧 기억에조차 남겨두고 싶지 않은 말을 해야 하겠다.

남들이 내게 하는 말이 아니라, 나 스스로가 고백적으로 하는 말이, "나는 우지였다"라고 하는 '울보'였다.

남모르게 속으로 울고 살았다. 남들에게 들켜서, '왜 그렇게 우느냐?"라는 말을 들으면서 살았다. 참을려고 애를 썼는데도 울음이 터져나와서 소리 없이 울었다. 혼자서 눈물을 닦으면서 더 울고, 울고 울었다.

남들은 행복하여 웃으며 지절거리는데, 나만은 남모르게 울고, 남들이 알도록 울고, 남들이 모르게 소리 없이 울고, 소리 내어 울다가 남들에게 들키기도 하고 많이많이 자주 울었다.

내 마음을 알아주는 사람이 없어서 울고, 속이 터져서 눈물로 흘러나오니 울고, 누구와도 말을 할 수 없으니 울었다. 말재주가 없으니 울음으로 대신하고, 억울한 사정을 알아주는 이 없으니 냉가슴을 앓으면서 울고, 반항할 힘조차 없으니 무력의 탓으로 울고, 내가 하는 말을 들어주는 이 없으니 외로움의 눈물을 수 없이 흘리면서 울며 살았다.

그러한 내가 하나님의 말씀인 성경을 통해서 새로운 발견發見을 했고, 깨달음의 지혜智慧를 얻었다.

시편의 기자가 기록하기를, "울면서 눈물로 씨를 뿌리라"라고 기록 된 성경 말씀을 손에 들고 다니면서도 미처 깨닫지 못하고 울기만 했던 바보가 바로 나였다.

그러나 살아계신 하나님, 언제 불러보아도 좋으신 나의 아버지 하나님, 내가 어려울 때면 '아버지'라고 찾는 그 하나님께서는 언제나 나와 함께 하시면서 나의 눈물을 닦아 주셨고, 나의 상한 가슴을 어루만져 주시면서 위로해 주셨고, 나도 모르는 눈물의 뜻을 받아 주셨다.

내가 생각하기에는 너무도 오랜 시간을 두고 울면서 살

았던 나에게 새로운 인생의 삶을 가르쳐 주시고, 내가 해야 할 일을 알려 주시고, 나 같이 못난 사람에게 '새 사람'으로서의 삶을 하게 해 주신 하나님 아버지께 감사하면서, 이제부터는 새사람으로 다시 태어나서 나의 인생을 살아가겠다는 다짐을 한다.

그래서 나는 입술을 열어서 말을 하고, 손가락을 놀려서 글을 쓴다. 눈물을 흘리고 울면서 씨를 뿌렸으니 이제는 눈물의 씨앗을 거둘 때가 되었다는 뜻으로 글을 쓴다.

나와 함께 하신 하나님의 사랑과 은혜로 글을 쓴다.

내가 쓴 글을 누가 읽어줄 것이라는 기대도 하지 아니하고, 누가 내 책을 살 것이라는 바람도 없이 글을 쓰고 책을 펴낸다. 모든 것은 나와 함께 하신 하나님께 맡긴다.

이 하늘 아래는 나와 같은 처지의 사람들이 많이많이 있을 것이라는 생각에서 이 글을 쓴다. 그 사람들에게 울기만 하지 말고 참고, 또 참으면서 기다리라는 뜻을 담아서 글을 쓴다. 더 많이많이 울면서 아주 또렷하고 싱그러운 열매의 씨를 뿌리라는 말의 글을 쓴다. 그 다음에는 기쁨으로 단을 거둘 것이라는 희망을 담아서 글을 쓴다.

가슴을 치다 못하여 가슴을 찢으면서 더 울며 열심히 살으라는 당부의 말을 담아서 글을 쓴다. 나는 우지였다. 울기만 했던 바보였다. 그러한 울보가 글을 쓴다. 그토록 못난 바보가 그렇게 살아야 할 뜻이 무엇인가를 알려주는 당부의 말로 글을 쓴다.

울며 씨를 뿌리러 나가는 자는 정녕 기쁨으로 단을 가져올 것이라는 하나님의 말씀으로 타 이르는 말을 담아서 글을 쓴다.

성현군자聖賢君者라는 사람치고 울지 않고 성취했다는 사람은 없었다. 나는 성현군자는 못될 찌라도 울지 않고 일어섰다는 사람이 이 하늘 아래 어디에도 없었다는 것을 알고 있으니 그저 울면서 씨를 뿌리자. 거두어 드릴 날이 올 것이라는 믿음을 가지고, 더 많이 울면서 씨를 뿌리자.

울자. 더 울자. 가슴을 치고 애통哀痛하는 울음을 터뜨리면서 울자. 이 세상이 하나님의 사람으로 울게 한다. 자기의 운명이 울게 한다. 내가 하는 일이 너무도 힘이 들어서 눈이 부시도록 울게 한다.

웃는 자의 끝은 시련과 고난이 따라 올 것이나, 울며 씨를 뿌리는 자에게 는 기쁨으로 그 단을 가져 올 날만이 기다리고 있으니 실컷 울면서 씨를 뿌리자.

그리고 그 다음에는 추수秋收를 하는 때가 올 것이라는 기대와 희망을 가지고 더 울면서 씨를 뿌리자. 많이많이 더 많이 뿌리자. 눈물의 씨앗을 뿌리자.

사람 앞에서만 울지 말고, 하나님 앞에서 울자. 소리치며 울자. 옷을 찢지 말고 가슴을 치면서 울자. 그리고 생명의 씨를 뿌리자.

지금 울지 않으면 울고 싶어도 울 수 없는 때가 올 것이다. 지금은 울어야 한다. 울어야 할 때에 웃는다는 것은 너무도 큰 잘못이요 착각에 빠진 망동妄動이다.

가슴을 쥐어뜯으면서 울고, 발을 동동 굴리면서 울고, 이를 악물고 참으면서 울고, 울면서 씨를 뿌리자. 생명의 씨를 뿌리자. 더 많이 뿌리자.

정녕 기쁨으로 단을 거둘 때가 올 것을 믿고 참으면서 씨를 뿌리자.

울면서 씨를 뿌리자. 기쁨으로 단을 거둘 것이라는 희망을 가지고 울자. 지금은 웃어야 할 때가 아니라 울어야 할 때다. 더 많이 울면서 씨를 뿌리자.

6. 어느 날 밤 나는 한 꿈을 보았다

아주 넓은 산야山野의 벌판이 온 세상에 깔려 있었다.

자세히 살펴보니 검푸른 새싹들이 온 천지에 가득했고, 그 풀잎들 밑으로는 수정水晶같이 맑은 물이 흐르면서 새싹들에게 물을 주고 있었다.

산봉우리 높은 곳에서부터 계곡을 타고 깊숙한 곳에나, 비탈을 타고 기울어진 언덕에는 물론 계곡의 깊은 땅이나, 넓은 벌판을 가리지 않고 펼쳐진 넓은 벌판에 이름도 모를 새싹들이 푸르르게 피어오르는데 너무도 싱싱하여 하늘로 솟아오를 것도 같았고, 어느 곳을 보아도 병들고 시든 것은 한 포기도 없이 모두가 다 꼭 같이 푸르름으로 온 세상을 가득 채우고 있었다.

이것이 웬일인가? 내가 지금 어디에서 무엇을 보고 있는 것일까?눈이 황홀하여 부실 정도로 밝고 맑은 하늘 아래 온 세상이 청초靑草로 가득히 뒤덮여 있으니 대관절 이것이 어찌 된 일인가?

나는 잠에서 깨어났다. 그것은 꿈이었다. 분명히 꿈이었는데도 내 머리에서 사라지지 않고 늘 되새겨진다. 그 다음부터는 눈만 감으면 꿈에서 보았던 광경이 되풀이 된다. 그것도 한번 두 번이 아니라, 때때로 종종 자주 그 광경을 본다. 그럴 때마다 내 정신精神은 한없이 맑아지고 가슴은 두근거린다.

그랬던 것이 지금은 습관화되어 버렸다. 눈만 감으면 떠오르는 꿈속의 광경, 그 광경을 떠올려 보기만 하면 몸이 가벼워지고 가슴이 벅차오르는 그 이유가 무엇일까?

나는 그 꿈을 그리면서 열심히 일을 한다. 그리고 붓을 들어 조용히 글을 쓴다. 달콤한 꿈 이야기를 담아서 글을 쓴다. 어느 누구와도 하지 못한 꿈 이야기를 엮어서 글을 쓴다. 하나님께는 참으로 감사하고, 나의 인생에 대해서는 남들이 알지 못하는 새로운 재미가 있다.

내가 본 꿈이 길몽吉夢이냐? 아니면 흉몽凶夢이냐 하는 것에 대해서는 말하고 싶지 않다.

다만 나에게는 삶의 보람을 느끼게 하고, 행복을 가져다 주는 축복의 꿈이다. 하나님께서 내게 보여주신 감사의 꿈이다. 내 인생을 새롭게 살아가라는 재기再起의 꿈이다.

어느 누구가 돈을 준다고 할지라도 팔고 싶지 않은 나만의 소유권所有權을 독차지 한 나의 꿈은 참으로 소중하고 귀한 보배다.

성경을 통해서 볼 때에, 야곱의 열한 번째 아들 요셉은 꿈을 가지고 성공을 한 대표적인 인물이었다.

이복형제異腹兄弟들의 시기猜忌와 온갖 질투嫉妬를 자기의 꿈 하나로 참고 이겨난 전설적인 인물이었다. 자기에게는 꿈이 있었기 때문에 그는 온갖 시련을 참고 이겨낼 수 있었다.

억울하게 이집트로 팔려가서 보디발 집에서 종살이를 할 때에도, 억울한 누명을 쓰고 감옥監獄에 갇혀서 옥살이를 할 때에도 그는 자기의 꿈을 믿고 참고 이겨냈다. 그것이 하나님과의 약속이라고 믿고, 어떠한 시련이나 억울한 일을 당해도 이를 악물고 참았다.

요셉은 그 기회를 이용하여 이집트의 언어를 배울 수 있었고, 그가 있는 감옥으로 면회 한번 와 주는 사람 없었다. 요셉은 그럴 때마다 자기만의 꿈을 되새기면서 하나님과의 거리를 좁혀갈 수 있었다. 어쩌면 '위기危機는 기회機會다'라고 하는 말이 요셉을 두고 하는 말인지도 모른다.

요셉은 자기만의 한 꿈이 있었기 때문에 어려움을 이겨낼 수 있었고, 시간을 기다리며 참아낼 수 있었고, 오랜 고통의 시간을 선용하여 자기의 준비를 할 수 있었다.

사람에게 있어서 허황된 야망野望은 망상妄想으로 끝나버리는 경우가 많다. 그러나 하나님을 향한 일편단심 믿음으로 본 꿈은 반드시 이루어 진다.

길몽吉夢은 하나님께서 주시는 계시啓示의 방편이 될 수도 있다.

길몽은 하나님께서 주신 것이기 때문이다. 하나님께서 보여 주신 꿈을 간직한 하나님의 사람은 어떠한 시련과 고난이 부딪쳐 와도 이를 악물고 참아 이겨낸다. 그리고 언제나 하나님의 사람으로서 사랑의 사람이 된다.

요셉은 그의 아버지 야곱이 죽어서 장사를 마친 다음, 공포에 질려서 찾아온 그의 이복형들이 요셉에게 보복의 죽임을 당할까하는 두려움의 공포심에서 요셉의 무릎 앞에 꿇어 엎드려서 용서를 구했다.

"주여, 우리들이 당신에게 행한 일을 용서해 주소서. 아버지께서 살아계실 때에 '너의 형들을 용서하라'라고 하셨으니 우리들을 용서해 주소서"라고 다시 한 번 꿇어 엎드려서 사죄하고 용서를 구했다.

이 말을 들은 요셉은 '울어 버렸다'라고 성경은 기록하고 있다. 자기의 중심을 이해해 주지 못한 형들에게 자기의 진심을 울음으로 깨우쳐 주었다는 말이다. 그리고 요셉은 아주 평화로운 웃음을 머금고 형들에게 말했다.

"형들이여 안심하소서. 당신들은 나를 죽일려고 했으나 나의 하나님께서는 나와 함께 계셔서 나를 먼저 이 곳에 보내시고, 형들과 당신들의 자녀들을 살려내게 했으니 내가 어찌 하나님을 거역할 수 있겠습니까? 나는 당신들 뿐만 아니라, 당신들의 자녀들까지도 먹여서 살리겠나이다"라고 위로했다.

자기가 보았던 꿈 하나로 하나님을 향한 믿음이 더욱더 강해졌고, 아무리 어려운 시련이 부딪쳐 와도 말없이 견디고 이겨내는 믿음의 사람이 될 수 있었다. 요셉의 꿈은 단

순한 야망野望이 아니라 하나님과의 약속이었고, 하나님을 향한 일편단심의 믿음이었다.

위대한 야망의 꿈을 가진 사람은 항상 하나님 앞에서 온유하고, 겸손하며, 누구에게나 사랑으로 대할 수 있다. 그것은 하나님과의 약속이 있기 때문이고, 남들이 이해할 수 없는 위대한 야망의 꿈이 있기 때문이다.

요셉은 자기의 불행과 역경이 형들의 시기와 학대에서 온 것이 아니라, '하나님의 뜻'이라는 것을 믿었고 또 알았다.

하나님의 사람은 언제 어디서 누구에게나 자기를 향한 질시와 학대의 모든 핍박이 하나님의 기적을 더 크게 나타내기 위한 하나님의 경륜이라는 것을 안다.

청년이여, 야망을 가지라"라고 하지만, 나는 말한다. "청년이여, 꿈을 가지고 하나님을 향한 믿음을 가지라"라고. 그 다음에는 그 꿈이 이루어질 때까지 어떠한 시련이나 고통이 올지라도 이를 악물고 참고 이겨내야 한다는 말을 드리고 싶다.

이 세상을 살아가노라면 외로울 때가 있을 것이다. 이역의 땅 남의 나라에 와서 억울하게 감옥살이를 했던 꿈꾸는 소년 요셉을 생각하면서 외로움을 달래자. 힘들고 어려울 때도 있을 것이다.

억울하게 팔려가서 보디발 집에서 종살이를 했으나, 언제나 그와 함께 하신 하나님을 믿고, 자기의 꿈이 이루어질 날을 기다렸던 요셉처럼 참고 이겨내자.

순경順境은 괴물怪物을 낳고, 역경逆境은 인물人物을 낳는다고 했다. 위대한 꿈이 있는 사람은 세상에 물들지 않는다. 꿈이 있는 사람은 길이 참고 이겨낼 줄을 안다. 꿈이 있는 사람은 누구에게나 사랑으로 대할 줄 안다. 꿈이 있는 사람은 결코 넘어지거나 좌절하지 않는다.

꿈이 있는 사람은 언제나 당당하고 자신감이 넘칠 뿐이다.

7.사무엘의 어머니 한나

나는 남들에 비하여 성경을 더 많이 읽는다고는 생각하지 않는다. 그러나 나는 하나님의 말씀인 성경에 대한 신념 곧 믿음은 거의 절대적이라고 자부한다.

그것은 성경은 하나님의 계시요, 성경은 하나님의 말씀이요, 성경은 하나님의 진리요, 성경은 반드시 이루실 하나님의 언약이라는 성경의 신적神的인 권위에 대해서는 의심 없이 믿는다는 말 한마디는 하나님 앞에서 양심으로 고백하겠다.

그런데 그 성경 가운데 사무엘상에 보면 우선 사무엘의 아버지 엘가나와 그의 어머니 한나가 소개되어 있는 것을 본다. 사무엘의 아버지 엘가나는 에브라임 사람으로서 두 아내의 남편이었다. 그 두 아내 중의 한 사람인 한나는 남편의 사랑을 독점하였으면서도 아들을 낳지 못하였으며,

그러면서도 매년 하나님의 언약궤言約櫃가 있는 실로에 가서 엘리 제사장祭司長이 드리는 제사례祭祀禮에 참석했던 독실한 신앙인이었다.

그런데 한나는 남편의 사랑을 독점하는 것으로서 만족하지 않고 자기도 여자로서 아들을 낳고 싶다는 간절한 소원이 있었다. 그리하여 그는 하나님께 서원誓願하는 기도를 드렸다. "만약에 나에게 아들 하나만 주시오면 나는 그 아들을 한 평생토록 하나님께 바쳐드리겠나이다"라고 하는 것이었다. 자기가 낳은 아들을 자기를 위해서 기르는 것이 아니라, "평생토록 하나님께 바쳐서 하나님의 일을 하게 하렵니다"라고 하는 것이었다. 하나님께서는 한나의 그러한 기도를 들어 주셨다. 그리하여 아들을 낳고 그 이름을 '사무엘'이라고 했다.

우리는 성경을 더 자세히 상고해 보아야 할 필요를 느낀다. 사무엘의 어머니 한나는 하나님께 서원의 기도로 얻은 아들 사무엘을 젖을 땔 때까지는 자기의 품안에서 길렀다. 그러나 젖을 땐 다음에는 어렵게 얻은 아들 사무엘을 데리고 실로에 가서, 제사장 엘리 밑에서 살면서 제사장을 도와 하나님 섬기는 일만을 하라고 맡겨 버리고 홀홀히 떠나 자기 고향으로 돌아갔다.

그런 다음에는 해마다 전과 같이 실로에 가서 제사례에 참석을 하는데, 그럴 때마다 아들 사무엘이 입을 옷을 지어 가지고 가서 아이의 옷을 갈아입도록 했다. 세상에 어느 어머니치고 자기가 낳은 자기 아들을 젖을 때기가 바쁘게 품에서 때어내어 멀리 객지에서 제사장을 도와 하나님을 섬기게 할 수가 있겠는가를 상상해 보자.

하나님께서는 한나의 정성을 가납加納하시고 그녀에게 또 다른 세 아들과 두 딸 곧 남매의 자녀를 더 낳게 허락하셨다. 한나가 낳은 아들 사무엘은 자라서 이스라엘 나라를 세운 국부國父가 되었고, 사울왕과 다윗왕에게 기름을 부은 제사장이요 선지자로서 하나님의 사람됨을 과시했다.

성경을 읽고 사무엘에 대해서는 알지만 그를 낳아서 훌륭하고 거룩한 하나님의 사람으로 길러 낸 자랑스러운 어머니 한나에 대해서한 번쯤은 알아두는 것이 모든 여인들, 곧 어머니들에게 필요할 것이다.

하나님께로부터 아들을 낳게 해주심을 감사해서 하나님께 드리는 한나의 기도 노래를 소개 해 본다.

내 마음이 여호와로 말미암아 즐거워 하며

내 뿔이 여호와로 말미암아 높아졌으며

내 입이 내 원수들을 향하여 크게 벌렸으니

이는 내가 주의 구원으로 말미암아 기뻐함이니이다

여호와와 같이 거룩하신 이가 없으시니

이는 주 밖에 다른 이가 없고

우리 하나님 같은 반석도 없으심이니이다

심히 교만한 말을 다시 하지 말 것이며

오만한 말을 너희의 입에서 내지 말지어다

여호와는 지식의 하나님이시라 행동을 달아 보시느니라

용사의 활은 꺾이고 넘어진 자는 힘으로 띠를 띠도다

풍족하던 자들은 양식을 위하여 품을 팔고

주리던 자들은 다시 주리지 아니 하도다

전에 임신하지 못하던 자는 일곱을 낳았고

많은 자녀를 둔자는 쇠약하도다

여호와는 죽이기도 하시고 살리기도 하시며

스올에 내리게도 하시고 거기에서 올리기도 하시는도다

여호와는 가난하게도 하시고 부하게도 하시며

낮추기도 하시고 높이기도 하시는 도다

가난한 자를 진토에서 일으키시며 빈궁한 자를 거름더미에

서 올리사 귀족들과 함께 앉게 하시며

영광의 자리를 차지하게 하시는도다

땅의 기둥들은 여호와의 것이라

여호와께서 세계를 그것들 위에 세우셨도다

그가 그의 거룩한 자들의 발을 지키실 것이요

악인들을 흑암중에서 잠잠하게 하시리니

힘으로는 이길 사람이 없음이로다

여호와를 대적하는 자는 산산이 깨어질 것이라

하늘에서 우레로 그들을 치시리로다

여호와께서 땅 끝까지 심판을 내리시고

자기 왕에게 힘을 주시며

자기의 기름 부음을 받은 자의 뿔을 높이시리로다

셋째

내가 너와 함께 하리라

†

나는 내 인생을 살아오는 동안 내가 믿는 하나님께서 나와 함께 하신다는 오직 그 한 가지의 분명한 사실을 믿고 살아왔다.

내가 생각하는 나에게는 어느 것 하나 내가 할 수 있다는 자신감自信感이란 하나도 없었다.

살아가면 살아갈수록 힘들고, 어렵고, 깜깜하여 어느 것 하나 내 힘으로 스스로 해 낼 수 있다는 것은 하나도 없는 것 같았다. 그토록 나를 끔찍하게 사랑으로 살펴주신 부모님도 내 곁에서 떠나 계시므로 항상 의지할 수 없었고, 내 몸이 아팠을 때에나, 외로울 때에나, 억울한 일을 당했을 때나, 나도 모르게 입 밖으로 새어나오는 말이, “아이고, 하나님…,”하는 소리뿐이었다.

더더구나 한 여자로서 결혼을 하고, 남편을 따라 살면서 시집살이를 하고, 아이들을 낳아서 엄마가 되고, 다른 사람들처럼 꼭 같은 인생의 길을 걸어오면서도 내 마음은 항상 우울하고, 외롭고, 억울한 생각뿐이었다.

그것은 어느 것 하나 내 마음대로 되어지는 것은 하나도 없었고, 나의 애절한 마음을 알아주는 이 조차 없었다. 그렇다면 나는 무엇 때문에 누구를 위해서 살며, 나의 운명은 어떻게 될 것인가 하는 자체가 나는 알 수 없는 하나의 숙제요 고민거리였다.

그래서 나는 울고, 울고 울면서 살아야 했다. 그러나 정신을 차리고 무심결에 찾아보는 성경은 나도 모르게 커다란 위로와 감동을 주었다.

아브라함을 불러내신 하나님께서는, "내가 너와 함께 하리라"라고 하신 것이 부르심의 조건이었다. 외롭게 고향을 떠나 망명길을 떠난 야곱에게 나타나신 하나님께서도, "내가 너와 함께 하리라"라고 하여 그와의 동행을 약속해 주셨고, 400년간이나 애굽의 노예로 고통을 당하고 있던 이스라엘 백성을 구하기 위해서 모세를 부르실 때에도, "내가 너와 함께 하리라"라고 약속하셨다.

하나님께서 함께 하시겠다고 동행을 약속하신 뜻은, 내가 하려는 모든 일들까지 책임져 주시겠다는 약속의 말씀이었다.

우리는 이것을 신학적으로 말할 때에, "하나님의 약속 곧언약言約"이라고 한다.

무려 300년 동안이나 하나님과 동행을 하다가 하늘로 승천해 간 에녹의 믿음을 갖자.

특히 죽음에서 부활하여 살아나신 예수께서 하늘로 승천하시기에 앞서 "보라. 내가 세상 끝 날까지 너희와 함께 있을 것이다"라고 약속해 주셨다.

그러므로 나는 나와 함께 해 주신 하나님의 언약에 대한 것을 글로써 말 하려고 한다.

1. 울고, 울고, 울면서 살았다

나는 어렸을 때부터 가난이라는 것을 거의 모르고 살았다. 부모님의 사랑과 은덕으로 의식주衣食住에 대한 문제로부터 시작하여 나의 활동과 생활에 필요한 모든 것들에 대하여 어떤 어려움이나, 아쉬움을 느껴보지 못하고 살았다.

못 느꼈다기보다는 전혀 모르고 무심히 살았다. 어쩌면 그런 환경들이 나를 더 바보로 만들었는지도 모른다. 학교에 다닐 때에도 부모님의 도우심과 보살핌 속에 살았으니 어떤 어려움을 모르고 살았으며, 세상에 대한 것이라고는 어느 한 가지도 모르고 살았다.

더 할 말이 있다면 관심을 두지 않고 무심無心히 살았다는 말이 옳을 것이다. 그렇게 살아오는 동안에 나 스스로가 바보로 전락해가고 있다는 것도 모르고 살았다.

그런데 대학을 나오고, 결혼을 한 다음부터는 바보스럽게 모르고 살아 온 나의 정체가 드러나고, 나도 모르는 또 다른 나의 인생이 시작 되었다.

꿈에도 몰랐던 남편과 시댁 사람들이 또 다른 부모요, 형제요, 가족이라고 했을 때에 나는 깜짝 놀랐다는 말밖에 다른 말이 없다.

처음부터 나는 '나'라는 인생으로 태어났으니, 나의 인생을 살아갈 것으로만 알았다. 그러나 시집을 가고 나서 그것이 아니라는 것을 처음 알았다. 내가 아닌 다른 사람을 위해서 살아야 하는 내가 미웠다. 남모르게 싫었다. 바로 그것이 나를 울보로 만들었다.

울고, 울고, 또 울고, 아무도 모르게 속없이 울기만 했다. 전혀 상상하지 못했던 일들이 지금 당장 현실로 나타났으니 나는 놀랄 수밖에 없었다. 내가 원하는 나의 인생을 살아가는 것이 아니라, 남들을 위해서 살아야 하는 나로 바뀌어져 버렸다. 그런 것들이 나에게는 다 서툴고 어려운 일이었다. 그러나 그 어려운 일들을 풀어주는 사람도 없었고, 직접적으로 도와주는 사람도 없었다.

나는 이 때부터 나도 모르는 사이에 울어버리는 '우지'로

떨어져 버렸다. 답답해서 울고, 힘들고 어려워서 울고, 아무도 알아주는 이 없으니 외로워서 울고, 내 뜻이 아닌 인생을 살아야 하니 억울해서 울고, 이러한 운명의 인생의 주인공이 남이 아닌 '나'라는데 대한 실망감에서 울고, 이러한 내 운명이 언제 끝날 것인지를 모르고 살아야 했으니 절망 속에 울고, 나의 안타까운 현실을 알아주는 이 없으니 답답해서 울기를 얼마나 했든지 나도 모르는 사이에 나는 울기만 하는 ' 우지'가 되어버렸다.

그렇게 하는 것이 눈물을 흘리면서 씨를 뿌림이라는 것도 몰랐고, 하나님이 그러한 나와 함께 하신다는 것조차 모르고 울기만 했다.

그러나 이제는 아주 뒤늦게라도 나의 인생을 살아야 한다는 것을 알았다. 바로 그것이 나와 함께 하신 하나님의 뜻이라는 것도 깨달았다.

그렇게 울면서 나의 인생을 보내는 동안에도 내 양심의 길을 벗어나지 않고 울면서도 나의 인생을 깨끗하게 지켜나올 수 있었다는 것은 분명히 하나님께서 나와 함께 하심이라는 것을 알았을 때에 이제는 탄식이 아닌 감사의 눈물을 흘리면서 또 울 수 있었다.

그렇게 울고, 울고, 울고 난 다음에야 분명히 나에게도 한 인생으로서의목적이 있다는 것을 뒤늦게나마 알았다. 그래서 나는 글을 쓴다. 앞으로 얼마나 많은 글을 더 쓸 것인지에 대해서는 나도 모르는 일이다. 그러나 나의 숨이 지는 순간까지는 글을 쓸 것이다.

이 세상에는 나와 같이 울면서 살아가는 또 다른 사람들이 얼마든지 있을 것이라는 생각에서 그들에게 말 해주고 싶어서 글을 쓸 것이다.

잘못된 인생을 살아가는 사람들에게 들려드리고 싶어서 글을 쓸 것이다. 나도 그렇게 살았다는 말을 알려주기 위해서 글을 쓸 것이다. 나는 나의 인생조차도 모르고 살았다는 바보스러웠든 과거를 드러내기 위해서 글을 쓸 것이다.

모든 사람마다 하나님이 함께 하신다는 것을 알려드리기 위해서 글을 쓸 것이다. 단 한 사람에게라도 모르는 사람에게 알려드리기 위해서 글을 쓸 것이다. 이것이 내가 할 일이요, 나에게 주어진 마지막 때의 사명이라는 마음으로 글을 쓸 것이다.

나 같이 바보스럽게 살아가는 사람이 또 있어서는 안된다는 말을 글로 쓸 것이다. 모든 인생들에게 자기의 인생을 살아야 한다는 말의 글을 쓸 것이다. 지금도 나처럼 울고 살아가는 사람이 또 있을 것이라는 생각에 그들의 울음을 달래주기 위해서 글을 쓸 것이다. 울지만 말고 일어서라는 말의 글을 쓸 것이다.

아무리 힘들고 어렵고, 외로워도 살아계신 하나님께서 그대와 함께 하신다는 것을 알려드리기 위한 글을 쓸 것이다. 더 이상 울지만 말고, 정신을 차리고 일어서서 씨를 뿌려야 한다는 말의 글을 쓸 것이다. 울보도 알고 보면 결코 외롭지마는않다는 말을 글로 써서 알게 해 줄 것이다.

부모형제, 일가친척 다 없어져도 내가 믿는 하나님께서는 영원히 함께 하신다는 말씀을 알려주기 위해서 글을 쓸 것이다.

예수께서 이 세상에 태어나시기 전에 이사야 선지자가 어떻게 예언을 했던가를 생각해 보라.

"보라. 처녀가 잉태하여 아들을 낳을 것이요, 그 이름을 임마누엘이라고 하라"라고 하셨다. '임마누엘'이라는 말의 뜻은 곧 "하나님이 우리와 함께 하시다"이다. 하나님의 그 약속을 따라서 예수 그리스도가 이 세상에 오셨다. 아니, 내게로 찾아 오셨다.

과거에 오신 것이 아니라, 지금 오셨고, 한 번 오신 그 예수님께서는 세상 끝 날까지 나와 함께 하신다고 약속해 주셨다.

"보라. 세상 끝 날까지 내가 너와 함께 하리라"라고 하신 예수님의 말씀을 알려드리기 위해서 나는 글을 쓸 것이다.

하나님께서 나와 함께 하셔서 잘 못 쓰는 글이라도 쓰게 하시니 나는 글을 쓸 것이다.

나와 함께 하신 하나님께 나는 항상 감사하는 마음으로 살아간다는 말의 글을 계속해서 쓸 것이다.

2. 너는 그리스도의 향기요, 편지라

사도 바울이 고린도 교회에 보내는 편지에서 말씀하시기를, "너는 그리스도의 향기香氣요, 편지便紙다"라고 지적하셨다.

우리가 아는 대로 향기란 곧 꽃에서 풍겨나는 냄새를 두고 하는 말이고, 편지란 보이지 않는 상대와 내가 하고자 하는 말과 뜻을 글로서 전달해 주는 것이라고 하면 될 것이다.

그렇다면 예수를 믿는 사람은 그 사람 자체가 곧 예수 그리스도의 향기가 되어야 하고, 예수님을 소개하는 편지가 되어야 한다는 말이다. 이런 의미에서 생각할 때에 예수를 믿는 그리스도인들은 그 존재存在 자체가 곧 향기로서의 증거가 되고, 편지로서의 내용이 되어야 한다는 말씀이다.

이를 다시 전도傳道의 입장에서 말할 때에 그리스도인이라는 존재 자체가 곧 향기로서 전도의 본이 되어야 하고, 예수 그리스도에 대한 내용이 되고 하나님의 복음이 되어야 한다는 말씀과도 같다.

이는 예수님의 전도요체傳道要諦세 가지는 곧, "와 보라, 나를 따르라, 내게 배우라"라고 하는 것들이다. 현재 기독교인들의 전도방식은 뛰어다니면서 찬양의 노래를 부르고, 입으로는 예수를 믿으라고 외쳐대지만, 향기로서 풍겨대는 냄새가 없고, 뜯어보면 볼수록 읽어서 알게 하는 편지로서의 내용이 없다.

그리스도인들을 향하여 "너희는 그리스도의 향기요, 편지다"라고 하신 말씀은 존재存在와 형식形式의 모든 것들을 보아서 그들이 전하는 그리스도를 만나고, 그의 복음을 깨닫게 하라는 말씀이다. 그래서 전도하기가 어렵다는 말이다.

예수 그리스도 복음의 전도란 일시적인 것이어서는 안된다. 평생을 두고두고 '와 보라'라고 불러서 보여줄 것이 있어야 하고, '나를 따르라'라고 솔선수범의 모범이 되어야 하고, '내게 배우라'라고 가르침을 베풀어 줄 수 있어야 한다. 현대교회의 잘못이 바로 여기에 있다. 예수 그리스도의 복음을 전해야 할 전도의 사명자들이 보여줄 것이 없어서 실질적인 초청을 하지 못하고, 생生의 수범垂範으로 길을 개척해 주는 길잡이가 되어주지 못하고, 모든 사람들에게 바른 진리를 가르쳐 줄 지식이 없으니 예수님과 같은 전도의 방식이 없어져 버렸다.

예수께서 하셨던 전도의 방법을 떠난 전도는 형식形式은 될지라도 실상實狀은 되지 못한다. 그래서 날이 갈수록 전도의 길이 막혀 버린다. 교파중심의 기독교 운동은 성경적인 전도운동이 될 수 없다. 떼 몰려다니면서 교단을 꾸미고, 자기들의 수數를 늘리기 위해서 부실신학교를 세워서 갖추지 못한 자에게 목사로서 안수를 시켜 '나도 목사다'라고 하게 하는 것은 성경적인 기독교 운동이 아니다.

성경은 거듭 말씀하고 있다. "너는 그리스도의 향기香氣요, 그리스도의 편지便紙다"라고. 천하를 주고도 바꿀 수 없는 한 사람의 영혼을 두고, 겉으로 부르는 노래 한 곡조이면 되고, 뱉어대는 소리 몇 마디면 될 것이라고 생각해서는 안된다.

제 2위 하나님이신 예수 그리스도는 나 한 사람을 위하여 하늘 보좌를 버리시고, 이 세상에 오셔서 죄도 없이 마침내 십자가에 못 박혀 죽으심으로 나를 죄악과 사망의 형벌에서 구속하여 주셨다.

이러한 예수님을 바로 알고 믿어야 한다. 그가 전파하신 복음을 바로 알고 전해야 한다. 그러나 그 전파하는 방식이 먼저는 그리스도의 향기香氣가 되어야 하고, 그리스도의 편지便紙가 되어야 한다.

우리가 성경의 진리대로 예수를 믿었다면, 먼저는 예수 그리스도를 바로 알아야 하고, 예수께서 가르치신 구원의 복음을 바로 알고 전파해야 한다. 그렇게 하는 것이 곧 전도다. 바로 알고 보면, 그리스도인의 존재 자체가 그리스도를 풍겨내는 냄새 곧 향기가 되어야 하고, 그리스도를 소개하는 편지가 되어야 한다.

그런데도 현대 교인들은 하나님의 진리와는 너무도 동떨어진 방법으로 부르짖고 외쳐대면서 그것을 전도라고 한다. 하나님의 이름이 이방인 중에서 그리스도인을 인하여 욕을 먹고 있는데도 향기香氣가 아닌 악취惡臭를 풍기고 있다. 소개되는 내용이 그리스도가 아닌 '교단'이요,'목사'가 되어버렸다.

사도 바울은 말썽 많은 고린도교회의 분규를 수습하기 위해서 누구를 책망하기 전에, 먼저 각자가 자기 자신을 돌아보기 위하여 말씀하시기를, "너희는 그리스도의 향기요, 그리스도의 편지니"라고 하여 썩은 냄새의 악취惡臭를 풍기는 자가 되지 말고, 그리스도의 편지가 되어서 자신의 존재 자채로 예수 그리스도를 전파해야 한다는 간곡한 교훈의 말씀으로 이렇게 기록해서 보냈다.

우리 한국교회를 반드시 다시 일으켜 세워야 한다. 반드시 다시 되살아날 것을 믿는다. 살아계신 하나님께서 이대로 버려두지 아니 하실 것을 믿는다. 하나님께서 감추어 두신 '하나님의 사람'을 찾아서, 하나님의 교회를 다시 일으켜 세워야 한다. 그것은 교파운동이 아닌 하나님의 말씀인 성경 중심의 교회운동을 일으켜야 한다는 말씀이다.

지금도 다시 오실 예수그리스도께서는 소리 없이 탄식을 하고 계신 것 같다. 예수를 믿는다고 하는 자칭 그리스도인들을 향해서.

"내가 진실로 너희에게 이르노니, 인자가 올 때에 세상에서 믿음을 찾아보겠느냐"라고.

3. 나의 계획, 하나님의 뜻

사람마다 자기만의 운명運命 곧 숙명宿命이라는 것이 있다. 누구에게나 있는 그 운명을 신학에서는 하나님의 섭리攝理안에서 설명 한다. 사람의 운명이 하나님의 섭리 안에 있다는 말은, 나의 운명은 곧 하나님의 뜻 안에 있다는 말과도 같다. 즉, 우리 인간의 길흉생사화복吉凶生死禍福을 임의로 주장하시는 하나님의 뜻 안에 있다는 말이다.

그러나 일반적으로 말하는 운명은 자연법칙의 질서에서 사람에게 오는 하나의 자연적自然的이고 우연偶然한 사건이라고 할 것이나, 신학에서 말하는 하나님의 섭리는 하나님의 창조로 발생된 존재存在와 형식形式에 나타난 하나님의 의지意志와 주권主權으로서 우연이 아닌 필연을 전제로 한다.

그러므로 사람의 운명이라는 것을 신학적으로 말하면,

하나님의 선택選擇과 하나님의 예정豫定 안에서 이해하고 설명 되어야 할 하나님의 의지요 주권이라고 해야 할 것이다.

그러므로 성경에 기록되기를, "사람이 어떤 계획을 세울지라도 그것을 이루시는 분은 하나님이시니라"라고 말씀하고 있다.

이 말씀은 곧 사람의 운명運命으로부터 시작하여 이루어지는 성취成就의 모든 것들은 하나님의 뜻 안에서 되어 진다는 말이다. 다시 말하면 사람이 계획한 모든 것들이 한결같이 자기의 뜻대로 되어지는 것이 아니라, 자기의 기대와 소망과는 상관없이 하나님의 뜻이면 될 수도 있고, 안 될 수도 있다는 말이다.

이러한 하나님의 절대의지絶對意志를 알 수 없기 때문에 이를 주관하시는 하나님을 향한 믿음을 가져야 하고, 기도祈禱 곧 기구祈求하는 신앙심을 가져야 한다는 말이다.

계획은 내가 세울지라도 그것을 성취하게 해 주신 분은 하나님이시기 때문에 우리는 자기의 계획하는 것을 성취하기 위해서 부단히 노력하는 행위 중의 하나가 곧 기구요 신앙이라는 말이다. 힘쓰는 자가 아니면 탈취 할 수 없다. 노력함이 없이는 성공에 이를 수 없다.

기독교 신앙에는 이적異跡, Miracle이라는 것이 있다. 이 이적을 신학적으로 설명하면, 하나님이 여기에 계신다는 하나님의 임재臨在와, 이적을 일으키는 자에게 하나님이 함께 하신다는 하나님의 신임信任과, 그것이 기구하는 자의 원하는 바는 될지라도 그것이 하나님의 뜻 곧 하나님의 의지意志일 때에만 나타나는 신비적인 사건이다.

사람마다 위대한 야망野望 곧 꿈을 가져야 한다. 그것을 합해서 희망希望이라고 할 것이다. 그러나 그것은 자기의 소원일 뿐 이에 대한 성취成就는 전적으로 하나님의 몫이다.

그러므로 더 큰 희망을 가진 사람일수록 이를 이루어 주시는 하나님을 향한 믿음이 있어야 하고, 기도가 있어야 하고, 자기의 노력이 따라야 한다는 말이다. 그것은 하나님 안에서 필연이기 때문에, 하나님의 필연이 나에게 나타나기 위해서는 먼저 하나님을 향한 절대적인 신앙 곧 믿음이 있어야 하고, 하나님께로부터 응답을 받아내기 위한 기도가 있어야 하고, 이를 성취하기 위한 피나는 자기의 노력이 있어야 한다는 말이다.

사람들이 이 세상을 살아간다는 것을 생존경쟁生存競爭 to

living is to fighting이라고 한다.

생존경쟁에서 이기는 자만이 존재할 수 있다. 하나님을 향한 뜨거운 믿음이 있는 사람일수록 더 열심히 매달려서 최선의 노력을 다해야 한다. 그 노력이 곧 참 믿음이요 참 기도가 된다.

예수께서 말씀하시기를,"천국은 침노侵擄하는 자가 빼앗느니라"라고 하셨다. 거저 갖는 것이 아니라 싸워서 빼앗아야 한다는 말씀이다. 자기의 노력努力이 없이 얻는 것은 사기요 도둑이다.

진심으로 하나님의 사람에게는 최고最高가 아닌 최선最善을 다하는 사람일 것을 요구한다. 자기의 운명을 우연에다 맡기는 사람은 감나무 밑에서 익은 감이 자기의 입에 떨어지기를 기다리는 어리석은 사람과도 같다고 할 것이다. 하나님을 향한 우리의 운명은 '믿고, 하면, 된다, 하자'라는 것이요, 막연히 앉아서 기다림이 아니다.

내가 아무리 위대한 꿈을 가지고 있다고 할지라도 그 꿈을 이루기 위한 피나는 노력이 있어야 하고, 이를 성취시켜 주실 하나님을 향한 믿음이 있어야 하고, 하나님께 매달려서 간구하는 기도가 있어야 할 것이다.

믿음이 무엇인가?

성경에 말씀하시기를, "믿음은 바라는 것들의 실상實狀이요, 보지 못한 것들의 증거證據니, 선진들이 이것으로서 증거를 얻었느니라"라고 하셨다.

믿음에 대한 실상과 증거에 대한 것을 결론지어다시 말씀하시기를, "이런 사람은 세상이 감당하지 못하도다"라고 하셨다.

성취를 목표로 계획을 세우고 기다리는 사람일수록 세상에 대한 초월적超越的인 믿음의 실상과 증거를 가진 사람이어야 한다는 말씀이다.

4. 나도 모르는 나를 찾았다

나는 아무 것도 모르는 무식쟁이요, 바보였다.

과거의 내가 그랬던 것이 아니라, 지금도 나는 아무 것도 모르는 무식한 사람이요, 바보라는 고백을 하면서, '나의 나 됨'을 고백하겠다. 나도 남들처럼 부모님의 둘째 딸로 태어나서 모든 사람들의 귀여움 속에 자랐고, 학교도 다녔고, 결혼을 해서 가정도 일구어 보았다.

그렇게 했는데도 나는 나를 상실喪失한 내가 아닌 다른 사람의 삶을 살았다고 하는 것이 나의 솔직한 고백이라는 말을 하겠다. 세상에 대해서는 아무런 미련도 가져 본 일이 없었고, 무엇을 해야 하겠다는 성취의 욕망조차도 없었다.

남들보다 더 잘해야 하겠다는 기대도 하지 않았고, 무엇을 해보려고 노력을 한 일도 없었다. 그저 바람이 부는 대로 물결치는 대로 따라 살아가면 되는 것으로만 알았던 나야말로 이 세상 하늘 아래서 가장 큰 바보였고, 아무것도 모르는 무식쟁이였다.

그런데 나는 지금에 와서 조금씩 나를 알아가는 것 같다. 사람으로서 철이 들어가는 것도 같고, 무엇을 깨달아 알 수 있는 것도 같다. 그것은 내가 살아야 할 이유를 조금씩 깨닫고, 내가 할 일이 무엇인가를 조금씩은 알아가고 있다는 말이다. 알알이 여문 포도송이를 손에 들고 이를 씻는다. 탐스러운 포도 알에서 풍겨나는 냄새를 맡는다. 그리고 한 알을 따서 입에 넣어본다.

"아, 맛있다. 포도 맛이 참으로 좋다"라고 생각을 하는 순간 나도 모르게, "그렇다면 나는 무엇인가?"라고 하는 추상같은 무성無聲의 소리가 내 양심을 때린다. 힘껏 두들겨 버린다.

작은 포도알 속의 씨 그것이 이렇게도 탐스럽고 맛이 있는 포도 알을 열게 했다. 싱싱하고 맛이 있는 포도 알을 먹은 다음, 무심히 뱉어버린 그 포도 씨가 다시 포도나무를 만들어서 알알이 열매를 맺게 한다는 이치를 알았을 때에 나는 까무러질 정도로 자책自責하는 마음에 놀랐다.

잃어버린 나를 찾았다는 생각에 놀랐다. 나는 한 알의 포도만도 못한 인생을 살았다는 고백을 하면서 놀라고 놀랐다. 하나님께서 만드신 존재의 세계, 하나님의 직접적인 지으심을 받고, 하나님의 생기生氣를 받아서 지으심을 받은 나의 가치를 생각해 보았다.

만물의 영장靈長으로서 태어난 내가 나에 대해서 너무도 몰랐다. 그런데 이제야 겨우 내가 이 세상에 태어나게 된 이유를 알았고, 내가 할 일들이 무엇인가를 어렴풋이나마 깨달았고, 남은 생애가 얼마가 되든지 목적目的이 있는 삶을 해야 하겠다는 인생의 목적을 깨달았고, 나의 나 됨을 조금은 알아차렸다.

사람은 다 죽는다. 그러므로 나도 죽을 것이다. 결국은 죽게 될 인생인 것을 알면서도 왜 그토록 애써 노력을 해야 하는가? 거기에는 분명히 더 큰 뜻이 있어서일 것이다. 그 뜻이란 무엇일까? 남은 나의 생애가 얼마일지에 대해서는 나도 모른다.

그러나 그 수치數値는 나와는 상관이 없다. 그것은 하나의 숫자일 뿐, 더 중요한 것은 내가 해야 할 한 인간으로서 나의 몫이 있을 뿐이다.

그 몫이란 곧 내가 살아서 챙겨야 할 것이기보다는 죽은 다음에, 다음 세대를 살아갈 사람들에게 더 많은 것을 남겨줘야 한다는 그것이다. 다음 사람들에게 남겨 주어야 한다는 것은 쓰다가 없어질 재물도 돈도 아니고, 두고두고 배우고 써 먹어야 할 것들이다.

짐승을 기르는 데는 우선 먹을 것이 있어야 한다. 그러나 사람들에게는 지금 당장 먹고 입고 살아가기 위한 물질적인 것들이 아니라, 한 평생토록 써 먹고 또 다음 세대의 사람들에게 남겨줘야 할 것들이다.

사람이란 그런 것들을 배우고 익힌다. 자기만이 아니라 또 오는 세상의 다른 사람들에게 남겨주기 위한 것들이다. 거기에 삶의 목적이 있다는 것을 어렴풋이나마 깨닫게 되었을 때에 나는 우선 나 자신을 바르게 챙겨야 하겠다는 그것을 조금은 깨닫게 되었다.

한 해를 살고자하면 농사를 지어야 하고, 10년을 살고자하면 나무를 심어야 하고, 100년을 살고자 하면 덕을 심으라고 하였던가? 一年生則種穀, 十年生則種木, 百年生則種德.

그리하여 나는 우선 그런 것들을 말하기 위해서 글을 써야 한다는 것을 알았다. 다 나와 같을 수는 없기 때문에 모든 사람들이 다 나와 같기를 바라지 않는다. 그러나 내 양심으로 하나님 앞에서 옳다고 생각나는 것들은 단 한 사람에게라도 함께 논하고 싶고, 같이 가져야 한다는 공유共有의 마음에서 글을 쓴다.

책을 팔아서 돈을 벌어야 한다는 생각은 가져본 일이 없다. 그러므로 돈을 벌기 위한 목적에서가 아니라, 좋은 뜻을 함께 함께 나누어 갖자는 이유에서 글을 쓴다.

나를 몰랐던 시절의 나의 어리석었음을 고백하면서, 단 한 사람이라도 나와 같은 삶을 하지 않도록 알리고 싶어서 글을 쓴다.

그것이 내가 해야 할 뜻이라는 마음으로 글을 쓴다.

5. 최고가 아닌 최선을 다 할 뿐

나는 처음부터 최고最高를 모르고 살아 온 바보스러운 사람이다. 지금도 나는 단 한 번도 어느 것 하나 내가 최고라는 생각을 가져본 일이 없다. 그러나 한 가지 분명한 것은 최선最善을 다해야 한다는 마음은 언제나 지워버릴 수 없다.

그 최선이란 어느 누구를 위해서가 아니다. 나 스스로가 해야 할 선택의기준이요, 자기 양심을 길 드리는 일 외에 다른 뜻은 없다. 내가 스스로 할 수 있는 가능성의 한계는 하나님 앞에서 최선이라는 것일 뿐이다.

내가 할 수 있는 것은, 내가 믿는 살아계신 하나님 앞에 바로 보여드리기 위한 마음 밖에는 없다. 어느 누가 보든지 말든지, 어느 누가 알아주든지 말든지에 대해서는 내가 상관할 바 아니다. 나로서는 최선을 다한 것으로 만족해야 하고, 감사하며, 즐거울 뿐이다.

사람들은 내 마음을 몰라줄 찌라도, 전지전능하신 하나님은 알고 계실 것이라는 간절한 믿음이 있는 한 나는 결코 돌아서지 않을 것이다.

나는 나를 지키기 위해서 최선을 다 헤야 하고, 하나님께서 보고 계시니까 최선을 다 헤야 하고, 그렇게 하는 것이 사람들을 위해서 길을 닦는 것이요, 과일 나무를 심는 원리라고 생각한다. 나의 최선은 대가를 초월하여 드리는 나의 선물이요, 내가 할 일이다.

예수께서 말씀하시기를, "오른 손이 하는 것을 왼손이 모르게 하라"라고 하셨다. 최선은 누구에게 알리기 위함이 아니라, 아무도 모르게 숨어서 하는 일이다. 대가代價를 바라지 않고, 봉사로 하고, 희생으로 드리는 것이다.

길을 닦는 일꾼이 누가 다닐 것이라는 것을 모르고 열심히 일을 하듯이, 농사일을 하는 농부가 이 곡식을 누가 먹을 것이라는 것과는 상관없이 열심히 농사일을 하듯이 알아야 할 이유도 없고, 상관할 필요도 없이 열심히 일만하는 것이 최선일 것이다.

세상 사람들이 고이 잠들고, 만물이 고요할 때에 나는 스스로의 마음을 살펴본다. “내가 얼마나 위선자僞善者인가? 내가 하는 일이 사람에게 보이기 위해서 한 일이었다면 그것은 나의 외식外飾이요 위선僞善일 것이다. 그러나 아무도 모르게 내가 할 수 있는 최선最善을 다 했다면 그것은 하나님께서 알고 계실 것이다” 이것이 나의 작은 믿음의 고백이요, 자성자계自省自戒로 살아가는 나의 인생이다.

내가 한 일이 언제나 하나님 앞에서 스스로의 양심에 속일 일이 아니었으면 나는 그것으로 최선을 다 했다고 믿는다. 나의 최선은 언제나 한계限界를 벗어날 수 없다. 그러므로 다른 사람에게도 만족을 줄 수 있는 것이 못된다. 그럴지라도 내가 할 수 있는 나의 최선이었다면 그것으로 나는 하나님께 감사하고 기뻐할 것이다.

사람들에게 보이기 위한 것이 아니라 나의 진심, 나의 양심. 하나님 앞에서의 나의 일이었다면 나는 최선을 다 한 것이라고 믿는다.

사람마다 자기만의 특성과 은사가 있다. 그것을 가리켜서 천성天性이라고 하고, 하나님께서 주신 은사恩賜라고 할 것이다. 그것들은 다른 사람들과 같을 수 없다. 자기만의 것이다. 자기만의 것을 살리기 위해서 최선最善을 다 했다면 그것이 곧 성공을 가져 올 것이다.

우리 인간은 하나님 앞에 가서 자기의 전 생애에 대한 것을 보고하게 될 것이다. 그 때에 내가 하나님께 보고할 말은, "무엇을 어떻게 했습니다"가 아니라, "할려고, 할려고 최선을 다 하다가 왔습니다"라고 하는 말이 자기 인생의 보고가 되어야 할 것이다.

최선을 다 하는 사람은 말이 없이 조용하다. 자기만의 일에 몰두하니까. 최선을 다 하는 사람은 자랑할 것이 없다. 자기의 몫을 다하기 위해서 자기의 일을 했을 뿐이니까. 최선을 다 한 사람은 교만이 아닌 자부심自負心 속에 살아간다. 그런 사람에게 참 행복이 있다.

욕구불만欲求不滿은 자기의 삶이 정직하지 못했다는 말이다. 욕구불만에 사로잡힌 사람은 감사感謝할 줄을 모른다. 감사할 조건을 몰라서이다. 감사할 조건이 무엇일까를 생각해 보라.

내가 이 세상에 태어났다는 것부터 감사해야 할 일이다. 하나님께 감사하고, 부모님께 감사해야 한다. 오늘도 먹고 입고 살았으니 감사해야 한다.

내가 이 세상에 올 때에는 가진 것도 없이 알몸으로 태어낫지를 않는가? 그러한 내가 먹고 입고 살았으니 감사하여야 할 것이 아니겠는가? 감사할 줄을 모르는 사람은 최선의 뜻을 모를 것이다. 감사感謝하는 마음에서 최선最善이 나온다.

"항상 기뻐하라. 쉬지 말고 기도하라. 범사凡事에 감사하라. 이는 너희를 향하신 하나님의 뜻이 니라"라고 하신 말씀의 뜻을 한 번 더 생각 해 본다.

그리고 최선을 다해야 한다는 마음을 갖는다. 최고最高를 노리는 사람은 자기의 욕심의 덫에 자기가 걸려들게 될 것이다. 그러나 최선을 향해서 가는 사람은 항상 부지런하고, 무엇에나 정직하고, 사람들 앞에서는 겸손하고, 일에는 부지런 할 것이다.

최선을 다 하는 사람을 하나님께서는 기뻐하신다. 하나님이 보시기에 심히 좋은 사람이니까.

6. 예수 그리스도 재림의 날을 기다리며

아무리 생각을 해 보아도, "세상이 이래서는 안 될 것인데...,?"라고 하는 기우심杞憂心이 앞선다. '보릿고개'라는 말까지도 잊어버릴 정도로 부富를 누리고 살아가는 현대인들은 너무도 세상 속에 파묻혀 들어가고 있다.

현대과학문명의 혜택은 사람들에게 참 가치관價值觀이 무엇인지도 모를 만큼 착각錯覺이 아닌 망각妄覺의 속으로 몰아가 버렸다.

광년光年이라는 말은, 천문학天文學에서 쓰는 단위로서, 1광년은 빛이 1년 동안에 나아가는 빛의 속도速度로 계산 된 거리인데, 약 9조 4,670억km에 해당되는 거리를 말한다. 그런데 그것도 몇 억 광년이니 하는 상상도 못할 곳에 인공위성人工衛星을 쏘아 올리기 위해서 천문학적인 수치數値의 돈을 쏟아 붓고 있다. 그것을 두고 천문학天文學의 발달이라고 한다. 자기 곁에서는 당장 굶어서 죽어가는 사람들이 1년에 몇백만명이나 되는데도....?

그렇다고 해서 우주공학宇宙工學이나 천문학天文學에 대한 것을 부정하려는 것은 아니다. 그러나 학문을 하는데도 순서가 있다는 말을 하고 싶다. 몇 억 광년의 거리에 있는 불가사의의 천체에 인공위성을 쏘아 올리는 것과, 당장 굶어서 죽어가는 사람들이 뒹굴고 있는데도, 그런 것들은 내몰라 라 눈썹하나 까닥하지 않고 팽개쳐 버리고, 천문학적인 돈, 당장 굶어서 죽어가는 사람들을 먹여 살릴 수가 있는데도 그런 것은 아랑곳 하지 않고, 하늘높이 인공위성을 쏘아 올린 것이 배웠단 자의 양심이요, 천문학자의 양심이라면, 어떻게 이 세상에서 그들과 함께 머리를 맞대고 살아갈 수 있을까 하는 의문이 생긴다는 말이다.

그들에게는 인도人道라는 말도 생각할 필요가 없다. 경제를 논하면서 그 많은 돈으로 자기들의 연구를 위해서만 탕진을 하고, 인륜人倫 같은 것에 대해서는 생각을 가져보려고도 않는다. 그렇게 배웠으니, 그렇게 살고, 또한 그렇게 가르치면서 그것이 현대인들을 위한 문명文明이라고 한다.

과연 그렇게 배운 것이 옳은 일인가?

학교는 학문의 전당이기 이전에 '진리眞理의 전당이다'이라는 것을 몰랐다는 말인가?진리를 통해서 참의 가치價値를 알아야 하고, 사람됨의 뜻과 기술을 익혀야 하지 않을까? 여기에는 천문학자라고 하여 예외例外일수는 없지 않는가?

사람은 혼자만으로는 살아갈 수 없다. 더불어 살아가야 한다. 공동체 사회의 사람들이 더불어 살아가기 위해서는 서로의 지혜를 짜내야 하고, 서로 도와가면서 함께 살아가는 방법을 배워야 한다. 그래서 학교가 있다. 그 학교學校가 있어야 할 참 뜻은 진리의 전당이기 때문이다. 진리는 참의 가치 기준이다.

예수께서 말씀하시기를,'나는 길이요, 진리眞理요, 생명生命이니, 나로 말미암지 않고는 아버지께로 올 자가 없느니라"라고 하셨다.

참 진리가 없는 곳에 길도 생명도 없다는 말씀이다. 현대인들이 길도 없고, 생명도 없이 살아가고 있다. 현대인들에게 참 길이 있고, 참 생명이 있고, 참 진리가 있다면 믿음으로 살아갈 것이다. 그런데 재림주로 오실 예수 그리스도께서 보실 때에 참 믿음의 사람들이 없다는 말이다.

왜 세상이 이렇게 되었을까?천문학을 하기 이 전에 참의 가치를 알았어야 한다. 경제를 논하기 이 전에 참 가치의 길을 배웠어야 한다. 자기의 얼굴을 정형수술로 꾸미기 전에 참 생명의 가치를 알았어야 한다.

삶의 수단을 목적으로 생각할 수는 없다. 선善한 목적이 아닌 수단은 범죄犯罪일 뿐이다.

우리 정부에서 말한 4대 악惡이, 가정폭력家庭暴力과, 학교폭력學校暴力과, 사회폭력社會暴力과, 부정식품不正食品이라고 했던가?이는 당연히 없어져야 할 범죄요 사회악社會惡일 뿐이다.

그러나 그 범죄의 원인을 한 번 더 깊이 생각해 보자. 모두가 한결같이 가치관價値觀의 전도와, 경제經濟라는 논리의 돈 때문이 아니겠는가? 현대인들의 범죄의 원인을 분석해 보면 그토록 강조하는 경제문제 곧 돈 때문이 아닌가?

상속相續문제로 인한 범죄, 보험保險 때문에 오는 범죄. 돈을 벌기 위해서 자식도 버려야 하는 모성애母性愛까지도 없어져 버린 현대인들에게 무엇을 기대해야 할 것인가?

가장 진리眞理 위에 서야 할 기독교基督敎까지 기복적祈福的으로 기울어져서 참 믿음을 찾아보기가 어렵게 되어 버렸다. 내세 천당을 말하는 기독교 운동이 현실의 황금주의黃金主義에 몰락해 버렸다면 또 무엇을 기대하겠는가?

교회의 지도자들까지 기업형企業型 기독교 운동으로 전락해 버렸다면 더 이상 어디에서 사회정의社會正義를 논해야 하고, 예수께서 말씀하신 참 진리眞理를 어디에서 찾아야 할 것인가? 참으로 안타까울 뿐이다.

예수께서 말씀하시기를, "진실로, 진실로 내가 네게 이르노니, 인자가 올 때에 세상에서 믿음을 보겠느냐?"라고 하셨다.

예수님은 결코 거짓말을 하시는 분이 아니다. 지금 우리가 생각하는 것과, 하는 일들을 두고 예수를 잘 믿는 일이라고 한다면 예수님을 거짓말쟁이로 만드는 것이 아닐까?

예수 그리스도 재림의 징조는 사방에서 일어나고 있다. 결코 그렇지 않다. 예수님은 참 말씀을 하셨다.

"인자가 올 때에 세상에서 믿음을 보겠느냐?"

7.이대로는 죽을 수가 없어서

사람이면 누구나 죽음을 피해 갈 수가 없고 당연한 것으로 받아드려야 할 것으로 안다.

그런데도 나는 아직 나의 죽음을 그대로 받아드릴 마음의 준비가 되어있지 않다는 것이 나의 솔직한 고백이다.

그 이유는 간단하다. 이 세상에 대하여 어떤 미련이 있어서도 아니고, 살아가는 것이 행복하기 때문에서는 더욱 아니다. 그렇다면 왜 이 세상에 대한 미련을 끊지 못하고 이대로는 죽을 수가 없다는 것일까? 그 대답은 너무도 간단하다. 일을 하기 위해서다. 누구를 위해서 무슨 일을 한다는 것일까?"하나님을 위해서"라는 답을 한다면 웃긴다고 할지 모르나, 내 양심은 그렇게 말한다.

하나님의 일을 하기 위해서 이대로는 죽을 수 없다는 말이다.

솔직하게 말해서 나는 지금까지 하나님을 위해서 일을 했다고 할 만한 것이 아무것도 없다는 말이 맞을 것이다. 그러한 내가 이제 와서 어떻게 하나님의 일을 하겠다는 것이냐고 묻는다면 그 역시 나의 답은 간단하다.

즉, 나를 위해서가 아니라, 다른 사람을 위해서, 살기 위한 일이 아니라, 죽은 다음을 위해서 일을 하는 것이 곧 하나님의 일이라고 생각한다.

그것은 나를 위해서 하는 일이 아니고, 어떤 조건부적인 것도 아니고, 누구를 위한다는 상대는 없을 지라도 하나님이 보시기에 심히 좋은 일을 하면 된다는 마음으로 하기 때문에 나는 그렇게 하는 것이 하나님의 일을 한다고 믿는다.

또, 그렇다면 하나님이 보시기에 심히 좋은 일이 무엇이냐고 묻는다면 나는 열심히 글을 써서 참 사람으로서의 가치관價値觀을 가져야 한다는 말을 해주고, 사람이면 당연히 해야 할 것과 안해야 할 것들을 가려서 말을 해주고, 어떻게 살아가는 것이 사람으로서 참 삶의 길이라는 것을 글로 써 말하고 싶다.

아무리 과학문명科學文明이 발달하여 살기가 좋고, 돈이 많아서 생활이 풍요롭다고 할지라도, 인간의 윤리倫理가 무너지면 동물적일 수밖에 없고, 사회정의社會正義가 깨어지면 더불어 살아가는 사회에 평화가 정착할 수 없고, 모두 모여서 함께 살아가는 사회에 민주시민의 의식이 없으면 행복하고 평화로운 사회를 기대할 수 없다. 아무리 물질적인 풍요를 누린다고 할지라도 사람으로서의 정도正道에서 벗어나면 그것은 참 사람으로서의 길이 아니다.

현대를 살아가는 사람들은 지나칠 정도로 사치스럽고, 돈 씀의 낭비에 익숙하며, 허영에 취해있다. 인간으로서 지켜야 할 윤리도 없어진지 오래고, 바른 사회질서를 찾아보기가 어렵게 되었다.

처음부터 컴퓨터 교육으로 기술교육에는 앞서 간다고 하지만, 사람으로서 지켜야 할 인간의 질서와 윤리는 없어진지 오래다. 참으로 기가 막힐 정도로 답답하고 어려운 시대를 살아가고 있다.

그래서 그러면 안된다는 것을 글로 써서 말하고 싶다.

그리고 내가 할 수 있는 것들을 찾아서 하나하나 바른 길을 닦고 싶고, 아름다운 나무를 더 많이 심고 싶다.

누가 걷느냐를 묻지 말고 길을 닦아야 하고, 누군가 따서 먹을 것인가를 묻지 말고 더 좋은 과일 나무를 많이 심어야 한다는 마음으로 남은 생을 살고 싶다. 그것이 나는 이대로 죽을 수 없다는 이유라고 하겠다.

지금까지의 생활이 그렇게 하지 못했기 때문에 이제부터서라도 실천을 하면서 남은 생을 살고 싶다는 말이다.

돈타령의 노래를 부르고 있는 사이에 불거진 권력형의 비리非利와 부정不正을 어떻게 해야 할 것인가?온갖 수단과 방법을 동원해서 판을 치는 사기꾼들의 횡포를 어떻게 해야 할 것인가?

누가 무슨 말을 할지라도 가장 믿어야 할 정부를 중심으로 권력형 비리와 부정이 온 나라를 뒤흔들어 버렸는데도 눈썹 하나 까딱 않는 얌체 정치꾼들의 놀음 수에 더 이상 국민들이 마음을 붙일 수가 없다.

이제 누구를 믿어야 할 것인가?

숨을 죽이고 시키는 대로 열심히 따라가는 선한 백성들이 해야 할 일이 무엇인가? 나라의 기강이 무너지고, 어느 것 하나 믿을 수 없게 되어버린 우리 사회의 병炳을 어떻게 치료해야 할 것인가?

입만 벌리면 자기 변명과 빠져나갈 구멍 찾기에만 급급한 정치 지도자들을 언제까지 이대로 믿고 따라야 한다는 말인가? 여與도 야野도 정치하는 사람들은 한 사람도 믿을 수가 없다. 덩달아 종교인宗敎人들까지 돈 앞에 무릎을 꿇고 말았으니 이 세상 하늘 아래 누구를 믿고 맡겨야 하고, 따라야 할 것인가? 우리 백성들이 한없이 불쌍하다. 너무도 안타깝다.

예수 이름 팔아서 하나님의 양羊들을 노략질하여 거부巨富가 된 목사들과 기독교 지도자들은 하나님의 말씀인 성경을 어떻게 읽었는가를 묻고 싶다.

그러한 분들을 향해서 그래서는 안된다는 말을 해야 하겠고, 이렇게 해야 참된 길이라는 것을 글로 써서 알리고 싶다. 눈으로 볼 수 있도록 만들어 줘야 하겠다.

넷째

세상은 바뀌어져야 한다

†

세상이 반드시 이렇게만 되어야 하는가?

아니다. 다르게 바꾸어지지 않으면 안된다. 반드시 바꾸어져야 한다.

그리고 반드시 뀌어질 것이다.

사람들이 살아가기 위해서 현대과학문명을 일으켰다면, 사람들이 더 행복하게 살아가기 위해서는 또 다르게 바꾸어져야 한다. 반드시 바뀌어져야 한다.

과학문명科學文明의 발달로 생활의 수단이 더 편리해 졌고, 돈이 많아서 살림의 여유는 생겼다. 그러나 그것이 다는 아니라는 것을 알았다. 그래서 세상이 다시 바꾸어져야 한다는 말이다.

과학문명의 발달과 함께 범죄의 수단이 얼마나 더 지능화知能化 되었는가?돈 때문에 무너진 인간의 가치관은 어디에서 찾을 것인가?

세상이 바꾸어져야 한다는 것은 비단 우리 인간의 요구만은 아니다. 동식물動植物도 한결같이 못 살겠다고 한다면 현대를 살아가는 사람들의 종착역은 과연 어디인가? 자연까지도 바꾸어지기를 원하고 있는데, 유독 사람들만 그대로 안주하고 있을 수는 없다. 바뀌어져야 한다. 그러나 문제는 어떻게 바뀌어져야 할 것인가 하는 문제다.

바뀌어져야 한다는 것은 누구를 위해서가 아니다. 그것은 반드시 '하나님이 보시기에 심히 좋았더라'라고 하는 본래 창조의 모습으로 바뀌어져야 한다는 말이다.

미개未開한 상태로의 회귀回歸가 아니라, 이미 이루어 놓은 현실 위에 가치관價値觀을 새롭게 세워야 한다는 말이다.

가치관의 회복을 위해서는, 사람은 사람으로서의 가치를 유지해야 하고, 동물動物이나 식물植物은 그들 본연의 기능을 그대로 지켜나갈 수만 있다면 된다.

물은 물이어야 하고, 불은 불이어야 하고, 흙은 흙이어야 한다. 그런데 지금은 다 본질의 변화 속에 몸부림치고 있다. 인간들에 의해서 변질變質되어 버렸다는 말이다.

온 생태계生態界의 변질은 인간들에 의해서라는 말이다.

인간들이 일으킨 과학문명과, 경제經濟라는 논리의 충족을 위해서 수단 방법을 가리지 않고 해치워버린 결과였다.

사람이 사람으로서의 본분과 사명을 망각하고, 자기의 욕심을 채우기 위해서 모든 것을 짓밟아 버렸다.

현대인들의 범죄 유형類型을 한 번 더 깊이 생각해 보자.

모두가 돈을 기준으로 하고 있다. 상속문제로 인한 윤리관倫理觀의 전락, 돌발적인 사고에 대처하기 위한 보험제도保險制度, 보금자리의 아파트 주택문화, 시간단축을 위해서 생긴 교통수단으로 발전시킨 운행수단運行手段 등 어느 한 가지 원형元型을 해치지 않은 것이 무엇인가?

그러므로 현대인들은 여유로움의 삶을 누리면서도 무엇인가 새로움의 아쉬움 속에 몸부림치고 있다.

우리 인간들의 회복은 곧 만물의 기대요 희망이다. 인간들의 변질은 만물의 아픔이요, 절규요, 또한 통곡이다.

만물의 영장으로서 인간은 자연이 통곡하며 우는 소리를 들어야 한다.

만물의 영장으로서 인간이 자기의 본분과 사명을 잃었기 때문에 대 자연까지 통곡을 하고 있다.

인간의 새로움은 우주의 기대요 희망이다. 인간들이 새롭게 바꾸어지지 않는 한 그 다음에 오는 것은 창조주 하나님의 진노요, 형벌이 있을 뿐이다. 그것이 곧 심판審判으로 가게 될 것이다.

물질 앞에서는 자족自足하는 마음을 배워야 하고, 편리를 누리면서는 자연과 함께 가야 한다는 것을 알아야 하고, 받았으면 받은 만큼 되돌려 주는 것이 사람의 도리이다. 사람이 사람으로서 해야 할 본분에서 떠났으므로 현대인들은 죄악을 극복할 수 없게 되었다. 지나칠 정도로 이기주의利己主義에 들떠 있고, 동물적動物的인 가치관價値觀에 빠져 버렸다.

그리하여 사람의 새롭게 되어지기를 간절히 호소한다.

그 새로움의 기준이 곧 '하나님의 보시기에 심히 좋았더라'로 회귀하는 변화가 있어야 한다는 말이다.

1. 왜 세상이 이럴까?

예로부터 전해 오는 말이, "망아지 새끼는 제주도로 보내야 하고, 사람새끼는 서울로 보내야 한다."라고 했다.

그런데 과학문명의 첨단 시대를 맞이하여 서울이 싫다고 떠나는 사람이 날마다 늘어나고 있다면, 이는 단순히 정책적인 문제라고 하기 이전에 가치관의 입장에서 검토하고 생각 해 보아야 할 것으로 안다.

사람들이 서울을 떠나는 이유는 간단하다. '이것이 아니다'라고 하는 것을 알았기 때문이다. 불의와, 사악과, 온갖 범죄가 판을 치는 서울이 싫어졌다는 말이다. 사람 살 곳이 아니라는 것을 알았다는 말이다.

논 전답 다 팔아서 근근이 아파트 한 칸을 마련하여 서울로 왔다고 뽐냈으나, 살아보니 그것이 아니라는 말이다.

서울을 떠난 사람이 날로 늘어난다는 것은 더 많은 사람들이 기회만 되면 더 많이 서울을 떠날 것이라는 것을 말해준다. 시골에서 살 때의 경제력만 회복되면 서울에서 떠나서 살아야 하겠다는 말이다.

우후죽순雨後竹筍처럼 늘어선 고층 건물을 자랑하고, 거기에서 행복을 찾는다면 왜 서울이 싫어졌을까?

부모도, 형제도, 가족도, 일가친척도 다 필요 없고, 고향 같은 것은 그림 속의 떡일 뿐, 오직 내 기분만 좋으면 되고, 나만 행복하면 된다는 극단적인 이기주의가 판을 치는 세상이 과연 잘된 세상인가?

병病이 났기 때문에 병원 치료를 받아야 하는 것이 아니라, 못 생긴 몸의 부분을 뜯어 고치기 위해서 정형수술로 타고난 자기의 원 모습까지도 바꾸어 버리는 것이 과연 문화요 현대인의 자랑이라는 말인가?

세상이 바뀌어져도 너무 지나칠 정도로 바뀌졌다. 세상이 바뀌어졌다는 말은 곧 사람들이 그만큼 악惡해졌다는 말이다. 외형으로 볼 때에는 다 잘 났고, 다 미인이다. 그러나 그렇게 보이는 사람을 믿어서는 안된다는 것쯤은 다 아는 사실이 아닌가?

과학문명 앞에는 사람으로서 지켜야 할 윤리倫理가 있고, 도덕道德이 있고, 법法이라는 것이 있어서 더불어 살아가는 사람들의 질서를 이룬다. 그러나 그런 것들이 다 옛말이 되었고, 할 수만 있고, 기회만 있다면 속여서 챙기는 세상이 되어 버렸다.

우리나라는 민주주의를 국시國是로 하는 나라이다. 법을 민주주의의 꽃으로 하고, 만인이 평등해야 할 법치주의의 나라이다. 그러나 그 법까지도 약자弱者에게는 강하나, 강자强者에게는 하나의 사치품에 불과하고, 백성들을 지배하는 수단에 불과하다.

우리 한국인을 가리켜서 백의민족白衣民族이라고 했다.

글자 그대로 흰옷을 즐겨 입었기 때문에서만이 아니라, 마음씨가 고아서 백의민족이었다. 법이 없어도 살아가는 사람들이 바로 우리 한국인들이었다. 그런데 언제부터 이렇게 사람들의 가치관價値觀이 곤두박질되어 버렸다는 말인가? 너무도 안타깝고 한탄스러운 일이다.

위아래도 없고, 남녀도 없고, 노소도 없다. 그것은 자유도 아니고, 평등도 아니고, 방종일 뿐이고, 무질서일 뿐이다. 극단적인 이기주의를 자유라고 한다면, 더불어 살아가는 사회社會의 개념은 어디에서 찾아야 할 것인가?

술을 마시고 취중醉中에 한 말이라고 하여, 예외 아닌 예외가 통하는 우리 사회라면 온 국민이 술을 마시고, 무슨 일을 저질러도 된다는 논리라면 그것은 야만野蠻일 수밖에 없다.

중앙정부의 고급관리가 하는 말이, "국민의 99%는 개돼지 같아서 먹을 것만 주면 입을 다문다."라고 했는데 그것이 취중발언이라고 해서 파면 에 끝내고, 말에 대한 책임을 묻지 않았다. 본인은 자기에 대한 파면 결정이 잘못된 것이라고 해서 법적 판가름을 받겠다고 하니, 마루 밑에 강아지가 웃을 일이 아닌가?한 술 더 떠서 자기는 1%의 사람이 되기 위해서 노력하며 살았다고 했다니, 개, 돼지가 안 되기 위해서 살았다는 말이다. 그러나 그 사람이야 말로 개, 돼지만도 못한 사람이라고 한다면 지나친 말인지 모르겠다.

나는 우리 정부의 조직에 부디'여성부女性部'를 둔 일에 대하여 의아심을 갖는다. 여성들의 차별을 없애고, 권리를 회복하기 위함이라고 한다면 전혀 설득력이 없다고 생각한다. 부디 여성부를 두어야 한다면 마땅히 '남성부'도 두어야 하지 않을까?

성차별性差別을 없에고, 평등한 사회를 만들기 위해서는 '여성부' 같이 모가 난 부처를 두지 말고, 자연스럽게 평등한 사회를 이루어내야 하지 않을까 생각 해 본다.

그리고 우리나라의 교육제도를 믿을 수 없다면 어떻게 할 것인가?

'치맛바람'이라는 말이 있다. 학교 선생들이 학부형이 두려워서 학생들에게 마음 놓고 훈계를 할 수 없다. 거기에는 인권人權이라는 말을 붙여서 잘 못을 합리화 하려고 하는데, 학생이 학교라는 틀 속에서 배울 때에는 자기의 권리 일부를 묶어놓고, 스스로 자제自制하는 생활을 해야 한다. 큰 재목으로 쓸 나무는 어렸을 때부터 지주支柱를 세우고 묶어놓는 것과 같을 것이다.

가정주부들이 버린 음식물 찌꺼기로 인하여 바다의 생태계가 위협을 받고 있다는 사실은 삼척동자도 알고 있는 현실이다. 그런데도 이에 대한 말은 있어도 근본적인 대책이 없다. 국민 각자가 음식물 찌꺼기를 버리지 않는 풍속을 지켜야 하는데도, 공중도덕심이라고는 찾아 볼 수가 없다. 이러고도 과연 민주시민民主市民으로서의 자격이 있다고 할 것인가?

민주주의는 민주시민에게만 가능하다. 그런데도 우리나라 국민들은 민주시민 의식이 전무한 상태다. 나라의 제도 역시 민주주의를 하기에는 아직도 멀었다. 기초질서基礎秩序가 엉망진창인데, 누가 무슨 말로 민주시민의 의식을 말할 수 있다는 것인가?

진정 내 나라 대한민국의 만년대계를 위해서 세상이 바뀌어져야 한다.

새롭게 태어나야 한다.

2. 너는 이 백성에게 전파하라

'나'라고 하는 사람의 존재가치存在價値는 책임責任과 사명使命에서 찾아야 한다.

사람은 처음부터 '만물의 영장'으로서, 동식물動植物을 비롯한 만물을 주관하고 다스려야 할 천부적인 책임과 사명을 가지고 태어났다. 사람들의 세계만이 아니라, 대자연의 질서까지도 인간들이 가꾸고 지켜야 할 책임이 있다. 그런데도 사람들이 자기 스스로의 가치관까지도 망각하고, 극단적인 죄악으로 말려들어가고 있다. 이것을 부패요 타락이라고 단정한다.

처음 인간들은, "하나님이 보시기에 심히 좋았더라"라고 하신 대로, 대자연의 만물과 함께 창조주 하나님께서 보시기에 심히 좋은 존재였다.

그런데, 인간들의 죄악이 관영하여 지므로, 만물들은 창조주의 저주咀呪 아래서 소리 없는 통곡을 하면서 탄식을 하고 있다. 인간의 회복이 없는 한 자연의 회복은 없다는 것을 알고 있기 때문에 인간의 회복을 통곡 속에 기다리고 있다. 그러므로 하나님께서는, "이 백성들에게 전파하라" 라고 명령하시고 있다. 누가 누구에게 전파해야 할 것인가?

하나님의 보시기에 심히 좋은 사람이 되어서, 하나님이 보시기에 심히 좋은 사람이 되어야 한다고 전파하라는 말씀이 아니겠는가? 아무리 세상이 삭막하게 부패하고 타락했다고 할지라도, 하나님이 보시기에 좋은 사람들이 구석구석에 숨어있을 것이다. 이 사람들을 찾아내기 위해서 전파해야 한다. 단 한 사람이라도 더 많이 찾아내야 세상을 바꿀 수 있다.

하나님을 이용하고, 기독교를 팔아먹는 사람이 아니라, 하나님이 보시기에 심히 좋은 사람이 되어서, 하나님이 보시기에 심히 좋은 사람을 찾아내야 하고, 만들어내야 한다. 전파하는 사람은 자기희생自己犧牲을 각오해야 한다.

예수께서 말씀하시기를, "무릇 내게 오는 자가 자기 부모와, 처자와, 형제와, 자매와, 더욱이 자기의 목숨까지 미워하지 아니하면, 능히 내 제자가 되지 못하고, 누구든지 자기 십자가를 지고, 나를 따르지 않는 자도 능히 내 제자가 되지 못하리라"라고 하셨다.

자기의 목숨까지 내어놓는 희생이 없이는 참 전파자가 될 수 없다는 말씀이 아니겠는가?

복음 전파자가 전도의 일을 생계의 수단으로 하고 있다면, 그를 진정한 전도자라고 할 수 있겠는가? 이는 양의 탈을 쓰고 양 우리에 들어가서 양들을 노략질하고, 늑탈하는 이리떼와 다를 것이 어디 있겠는가?

예수님은 탄식조로 말씀하셨다.

"내가 진실로 네게 이르노니, 인자가 올 때에 세상에서 믿음을 보겠느냐?"라고 하셨다. 이 얼마나 안타까운 한숨의 말씀인가?

참과 거짓은 가려져야 한다. 진짜와 가짜는 구분 되어야 한다. 목사라고 해서 다 목사가 아니고, 성직자라고 해서 다 성직자로 믿어서는 안 되겠다는 것을 알았다.

목회자를 욕하고 헐뜯기 위해서 하는 말이 결코 아니다.

이래서는 안 되겠다는 충정에서 호소를 하고 싶어서 하는 말이다.

"나도 목사다"라고 하는 말은 너무도 유행어가 되어 버렸다. 목사로서의 자질과 품격은 어디에다 두고, 우리 한국교회를 요지경으로 몰고 왔는가를 한번쯤은 반성을 하는 것이 옳다고 생각해서 호소하는 마음에서 이 글을 쓴다.

"너는 이 백성에게 전파하라. 때를 얻든지 못 얻든지 힘써 전파하라"고 성경은 말씀하고 있다.

그런데 문제는 전파자가 과연 전파할 수 있는 자격을 갖춘 사람이가 하는 문제를 생각해 보자는 말이다.

우리는 순교자殉教者를 존경한다. 그러면서도 순교자가 되기를 싫어한다. 세상에서의 향락을 위하여 살아가기를 좋아할 뿐, 자기희생에 대해서는 전혀 생각하지 않는다. 자기희생이 없는 전파자는 참 전파자가 될 수 없다. 참 된 전파자가 되기 위해서는 먼저 부르심에 대한 소명의식召命意識이 투철해야 하고, 전파하는 사람으로서의 품격을 갖추어야 하고, 그런 다음에는 자기의 목숨까지 내어놓을 수 있는 자기희생을 각오해야 한다.

"죽든지 살든지 뜻대로 하소서"하고, 자기 자신을 온전히 하나님께 내어 맡겨야 한다.

산이나 들만이 아니라, 무서운 용광로鎔鑛爐 불속에라도 뛰어 들어갈 수 있는 전파자로서의 사명감을 가지고 몸을 던져야 한다. 그리고 전파자는 하나님의 복음을 들고 나아가서 전파하여 사람들을, 예배당에 다니는 사람이 아닌, 예수를 믿는 사람으로 만들어야 한다. 예배당에 다니는 사람으로는 참 된 기독교 운동을 할 수 없다.

성경의 진리와는 전혀 상관이 없는 사람들을 데리고 무슨 기독교 운동을 하겠다는 것인가?

나도 예수를 믿는다는 기독교인의 한 사람으로서 목회자를 비판한다는 것은 크게 잘 못임을 안다. 그러나 세상이 이처럼 믿을 수 있는 사람이 없어지고, 악해져 갈 때에 이를 바로 잡아줄 사람이 다름 아닌 목사님들이어야 하기 때문에 호소하는 심정에서 말을 한다. 나는 목사님을 세상에서 가장 존경해야 할 지도자로 알고 존경했다.

그러나 이 세상 되어가는 것과, 교회의 모습을 볼 때에, '이것이 아닌데...,?'라고 하는 부정적인 생각이 들어서 하는 말이다.

세상이 끝까지 이렇게 해서는 안된다. 정치가 부패하고, 사회가 타락하면 교회가 나서야 하고, 목사가 일어서야 한다. 그러나 기대할 곳이 없게 되었다면 완전 절망이다. 그러므로 완전 절망이 오기 전에 다시 일어서야 하겠다는 간절한 마음에서 시시비비是是非非를 가려 보자는 것이다.

3. 알곡과 가라지

가을이 되면 추수를 한다.

봄철이 되어 농부들이 들판에 나가서 땅을 뒤집고 일구어서 씨를 뿌린 다음에는 시비施肥를 하고, 제초除草를 하여 정성껏 곡식穀食을 가꾼다. 긴긴 여름철의 뙤약볕에 나가서 비지땀을 흘리면서 농사農事일을 하는 것은 가을철에 거두어들일 알곡을 바라기 때문이다. 그런데 원하지 않은 가라지가 뒤섞여 있다면 어떻게 해야 할 것인가? 당연히 알곡은 모아서 곡간에 들이고, 가라지는 거두어서 불구덩이에 던질 것이다.

이는 곡식을 두고 하는 말씀이 아니라, 사람에 대한 말씀으로 곡식을 들어서 비유로 하신 예수님의 말씀이다.

알곡을 거두어서 곡간에 들인다는 것은 의인義人들은 거

두어서 하나님의 나라에 들이고, 악惡한 사람들은 모아서 심판의 불에 던진다는 말씀이다. 우리는 이렇게 하는 것을 최후에 있을 하나님의 심판이라고 한다.

그 심판의 시기는 곡식이 무르익어서 열매가 탐스럽게 익은 다음인 것처럼, 세상의 심판도 사람들의 한계限界가 찼을 때일 것이라는 말씀이다. 알곡이냐, 쭉정이냐가 완전히 가려졌을 때, 알곡은 모아서 곡간에 들이고, 가라지는 거두어서 불에 던질 것이라는 말씀이다.

내가 알곡이냐, 가라지냐 하는 것은 본인들이 다 잘 알고 있을 것이다. 맺힌 열매로 알곡이냐, 쭉정이냐를 가린다면, 사람됨의 모습을 보아서 의인義人과 악인惡人이 갈라서게 될 것이다. 여기에 가짜냐, 진짜냐 하는 것은 심판 주이신 하나님의 몫이다.

사람 앞에서는 위장僞裝을 할 수가 있다. 사람이 위장을 하는 것을 외식外飾이라고 한다. 본질의 모습을 감추어 두고, 사람 앞에 보이기 위해서 거짓으로 꾸미는 것을 외식이라고 한다.

현대인들은 위장술僞裝術이 최고의 절정에 이르렀다. 가짜를 '짝퉁'이라고 한다. 상품의 짝퉁이 아니라, 사람들이 짝퉁으로 바꾸어졌으니, 이 세상이 살벌하다는 말이다.

사람이 사람으로서의 본분을 망각하고, 짝퉁으로 전락했을 때 남은 것은 하나님의 심판 밖에 없다.

알곡으로서 의인義人되기를 바란다면, 속사람이 정직하고 진실해야 한다. 사람 앞에 보이기 위한 외식이 아니라, 대심판 주이신 하나님 앞에서 정직하고 진실해야 한다. 그래서 믿음이 있어야 한다는 말이다. 사람은 몰라도 하나님께서 인정해 주시는 진실한 사람이 믿는 사람 곧 신앙인이 아니겠는가?

끼리끼리 떼 몰려다니면서 행사를 하는 것이 신앙운동이 아니라, 천국에 들어갈 믿음의 의인들이 모이는 교회가 되어야 하고, 하나님께 드리는 예배가 되어야 하고, 기독교 운동이 되어야 한다.

기독교 운동의 요체要諦는 성경 적일 것이어야 한다. 성경은 기독교의 경전經典이요, 살아계신 하나님의 말씀이다. 그런데도 현대 기독교인들은 성경을 떠나서 자기 교회의 담임 목사를 중심으로 한 '우리 교회'운동으로 전락 해 버렸다.

진질한 기독교 운동은 교파운동도 아니고, 떼 몰려서 행하는 행사가 아니라, 하나님이 보시기에 좋은 사람의 모임이 되어야 한다.

최소한 우리 기독교인들이 한 번쯤은 생각해 보아야 할 말씀이 있다.

즉, “진실로 진실로 내가 네게 이르노니, 인자가 올 때에 세상에서 믿음을 보겠느냐?”라고 하신 말씀이다.

이는 제도와 형식으로 꾸미면 된 다는 것이 아니라, 하나님 앞에서, 하나님이 보시기에 좋은 사람이 구원을 받은 사람이요, 하나님의 사람이라는 말씀이다. 하나님의 사람은 세상에 물들지 않고, 마음속에 하나님을 모시고 살아가는 사람을 두고 하는 말씀일 것이다.

하나님을 모시고 사는 사람을 가리켜서 의인義人이라고 할 것이다. 하나님 앞에서 의인의 가치는 천금보다 값지고 귀한 존재다. 아무리 몇십년을 예배당에 다녔다고 할지라도 예배당에 다니는 사람은 예수를 믿는 사람과 다르다.

진실로 예수를 믿는 사람이라면 세상과 짝할 수 없고, 세상에 따라가지 않는 사람일 것이다. 즉, 세상의 유행有行에

물들지 않은 사람이라는 말이다.

유행이란 흐르는 물줄기와 같은 의미에서의 말이다. 소낙비가 와서 큰물이 지면 뚝이 터진다. 뚝이 터지면 물줄기의 흐름이 바뀐다. 그것을 사람들은 홍수洪水라고 한다. 홍수에 밀려서 떠내려가는 온갖 썩은 둥치의 흐름을 가리켜서 유행流行을 따라서 흘러간다고 할 것이다. 바로 그것을 유행이라고 한다면, 세상의 유행을 즐기는 사람은 홍수에 떠내려가는 쓰레기와도 다를 바 없다.

유행을 즐기는 사람, 유행을 따라서 사는 사람은 기독교인이 아니다. 아무리 외롭고 힘이 들고 외로워도 하나님의 진리와 함께 살아가는 사람이 '하나님의 사람'이다. 하나님의 사람만이 참으로 예수를 믿는 사람이요, 기독교인이다. 결코 예배당에 다니는 사람이 아니라, 예수를 믿는 사람이다. 세상의 부패와 타락이 아니라, 교회의 부패와 성직자의 타락이 더 큰 문제다. 왜 기독교가 이처럼 세상의 모본模本이 아닌 조롱嘲弄거리가 되었는가? 예배당에 다니는 사람은 많되, 예수를 믿는 사람이 없기 때문이다.

목회자牧會者는 많은데, 성직자聖職者가 없다.

하나님께서 이 시대를 지키기 위하여 감추어 놓은 사람

이 있을 것을 믿는다. 하나님께서 감추어 놓은 참 그리스도인이 있기 때문에 이 세상의 역사가 유지되어 진다는 것을 알아야 한다.

그리스도인의 복福에 대한 참 뜻이 매우 애매하게 변해 버렸다. 한 때나마 기복祈福신앙운동이 만연해지더니 순식간에 성경적인 신앙관信仰觀이 바뀌어 버렸다.

돈이 많아야 되고, 부자가 되어야 하고, 높은 자리에 올라서 감투를 써야 하고, 명예가 높아져야 한다. 그렇다면 성경에서 말씀하고 있는 진리는 다 거짓말이라는 말인가?

참 기독교 운동이 일어나야 한다. 그것은 참회하는 회개운동이 있을 뿐이다. 모든 그리스도인들이 하나님 앞에서 통곡을 해야 하고, 목회자들이 베옷으로 갈아입고, 참회하는 회개운동을 일으키는 것만이 우리가 살 길이다. 참 기독교 운동의 복원이 가능할 것이다.

알곡운동이 일어나야 한다.

4. 하나님의 양羊들을 노략질하는 이리는 누구?

참으로 하기 싫은 말이다.

어느 누구를 비방하거나 모함하려는 마음은 전혀 없다. 참으로 안타까운 충정에서 하나의 대안을 찾아보자는 마음에서 드린다.

더구나 하나님의 제단 아래 꿇어 엎드려서 바른 진리운동으로 하나님의 교회를 다시 일으켜 세우기에 헌신의 노력을 하고 수고하시는 목사님들에게는 진심으로 송구한 마음을 가지고, 우리 한국교회를 되살리기 위해서 스스로 안타까운 충정으로 말씀을 드린다는 마음의 고백을 하면서 이러한 글을 쓰게 된다는 것을 사과와 용서를 구한다.

이렇게 하는 것도 하나님께로부터 사명이라면 해야 하겠

다는 충정의 이해를 구한다.

더 중요한 것은 예수께서 하신 말씀이기 때문에 할 수밖에 없다.

"거짓 선지자들을 삼가라. 양의 옷을 입고 너희에게 나아오나, 속에는 노략질하는 이리라"라고 하셨고, 또 말씀 하시기를, "때가 이르면 거짓 그리스도와 거짓 선지자들이 일어나서 큰 표적과 기사를 보여 할 수만 있으면 택하신 자들도 미혹케 하리라"라고 하셨고, 또 말씀 하시기를, "큰 이적異蹟을 행하되, 심지어 사람들 앞에서 불이 하늘로부터 땅에 내려오게 하고, 짐승 앞에서 받은바 이적을 행함으로 땅에 거하는 자들을 미혹迷惑하며, 땅에 거하는 자들에게 이르기를, 칼에 상하였다가 살아난 짐승을 위하여 우상을 만들라"라고 꾀일 것이라고 경고하셨다.

성경은 이들에 대한 엄한 경고警告의 말씀으로 이르시기를, "짐승이 잡히고, 그 앞에서 표적을 행하던 거짓 선지자도 함께 잡혔으니, 이는 짐승의 표를 받고 그의 우상에게 경배하던 자들을 표적으로 미혹하던 자라. 이들이 산채로 유황불 붙는 못에 던져지고, 그 나머지는 말 탄자의 입으로부터 나오는 검에 죽으매, 모든 새가 그들의 살로 배불리더라"라고 최후 심판에 대한 것까지를 말씀하고 있다.

기독교 운동은 신비한 이적이 있을 것이로되, 이적이 목적일 수는 없고, 하나의 증거일 뿐이라는 것을 밝히 말씀해 주고 있다.

이제는 더 이상, '나도 목사'라는 말에 속아 넘어가서는 안 될 것이다. 하나님의 양들 속에 양의 탈을 쓰고 들어와서 하나님의 양들을 노략질 하는 이리가 누구인가를 가려내야 할 때가 왔다.

첫째는 성경의 진리를 바로 알아야 한다. 그래서 성경을 바로 알아야 하고, 신학을 바로 알아야 하고, 기독교 진리로 짜여 진 교리를 알아야 하고, 기독교 운동이 어떻게 내려왔는가 하는 교회의 역사를 알아야 하고, 성경 말씀을 중심으로 인간의 역사가 어떻게 흘러가고 있는가를 알아야 한다. 바로 알지 못하고서는 바로 믿을 수가 없기 때문에 정신 차리고 바로 알아서 바로 믿어야 한다.

세상에서 이름 높은 사람, 정치적으로 뛰어난 사람, 모사에 능한 사람, 말재주가 뛰어난 사람, 더 많은 군중을 끌어 모으는 사람, 그리고 성령을 잘 팔아먹는 사람을 잘 믿는 사람이라고 하고, 훌륭한 목회자라고 한다.

기독교 신앙의 전형은 히브리서 11장이라고 말한다.

“믿음은 바라는 것들의 실상實狀이요, 보지 못한 것들의 증거證據니, 선진先進들이 이것으로 증거를 얻었느니라”라고 하셨다.

믿음의 실상實狀과 증거證據에서 어느 말씀이 우리가 생각하고 말하는 그것이 믿음이라고 기록하고 있는가?

믿음의 선진들은, 한결같이 암혈巖穴과, 토굴土窟과, 바다와, 육지로 헤매었고, 헐벗고 굶주림과, 매 맞고 학대 받는 것과, 세상에서 죽은 자와 같이 버림을 받았었다. 그러나 이들을 세상이 감당할 수 없어서 내어 놓았다. 참으로 그의 생애 속에서 세상이 감당할 수 없는 초월적超越的인 실상으로 증거를 제시해 주었다.

성경적인 믿음이 아니고는 참 된 기독교 신앙에 이를 수 없다. 목사를 생업生業의 수단으로 하는 사람, 정치적으로 떼 몰려다니는 사람을 끌어 모이는 일에 능한 사람, 감투라는 감투는 다 뒤집어쓰고 세상적인 출세가도를 달리는 사람, 돈을 많이 긁어모았으니 하나님의 축복을 가장 많이 받았다고 하는 사람, 성령의 은사를 자기의 편의대로 팔아먹고 다니는 사람, 백성들에게 하나님의 말씀을 가르칠 공부

같은 것은 안 하면서, 스스로 많이 아는 척 하는 사람, 속은 텅텅 비었는데, 의복단장으로 꾸미고 다니면서 잘난 척 하는 사람 모두가 하나님의 양들을 노략질 하는 이리라고 단정한다면 지나친 말일까?

하나님의 일을 하라고, 하나님께 바친다고 정성스럽게 하나님께 헌납하는 성도들의 재산을 자기 앞으로 등기登記를 해두고, '하나님의 축복으로 나는 부자가 되었다'라고 호들갑을 부리는 사람들은 다 심판의 불 못에 던져지게 될 것이라는 말을 글로 써야 하겠다.

사람이면 누구 할 것 없이 하나님 앞에서 심판을 받을 것을 생각하면서 두렵고 떨리는 말이지만 이러한 말을 하는 나는 죄스러운 마음뿐이다.

그러나 해야 한다. 그런 말을 하기 위해서 글을 쓴다.

꿈에도 생각하지 않았든 말을 감추어두고 살아왔으나, 이제는 숨겨놓았든 말들을 하기 위해서 글을 쓴다.

아주 뒷전에 앉아서 조용히 구경을 하다가 끝내버린 신학교 공부였다고 할지라도, 나도 신학을 공부했기 때문에 조금은 이해가 되는 것을 가지고 글로 써 말을 해 본다. 살아계신 하나님 앞에서, 내가 몸을 담고 있는 우리 기독교 운동이 성경대로 이루어져야 하겠다는 간절한 마음을 담아서 차마 말로는 못한 것을 글로 써 본다.

양의 탈을 뒤집어쓰고 가만히 양의 무리에 숨어들어서, 하나님의 양들을 노략질 하는 이리떼가 판을 치는 한 성경적인 기독교 운동은 할 수 없다는 것을 통감하여 이러한 글을 쓴다.

"살아계신 하나님의 손에
빠져 들어가는 것이 두려울 진저"

5. 한국교회의 교파가 400개가 넘는다

나도 예수를 믿는 기독교인의 한 사람으로서 어떻게 이런 말을 감히 할 수 있을까? 나 자신이 스스로의 마음을 의심하면서 이런 말을 글로 써본다.

어느 때인가 우리 정부 당국자에게 한국의 기독교 현황에 대한 것을 물어 본 일이 있었다. 그런데 조용히 웃으면서, "한국교회에 대한 것은 말씀드리기 어렵습니다."라고 답변을 거절해 버렸다.

왜 그러느냐고 다시 되물었더니, "나도 기독교 신앙인의 한 사람으로서 목사님들이 하시는 일에 대해서 시비를 하고 싶지 않아서입니다."라고 하는 아주 의미심장한 말을 했다. 그러면서 덧붙여서 하는 말이, "지금 우리 한국에는 400개가 넘는 교파가 있는 것으로 압니다. 그래서 그냥 구경만하고 있는 샘이지요"라고 했다. 물론 나는 그 말을 그대로는 받아드리지 않는다. 그러나 분명한 것은 기독교라는 이름으로 갖는 교파의 수가 혼란스러울 정도로 난립되어 있다는 말이다.

기독교 종교의 무질서無秩序를 드러내 주는 말이 곧 교파가 많다는 것으로 대변된다. 과연 이것이 성경적인 기독교 운동인가? 어떻게 끼리끼리 모여서 교단이라는 이름아래 단체를 만들고 그것이 기독교 운동이라고 한다는 말인가?

여기에는 군소 교단을 만드는 사람들의 책임도 중요 하지반 또 다른 한 편으로는 현재 대교단을 자처하는 기성 대형 교단들의 책임이 먼저라고 생각한다. 그들이 성경대로 바로 이끌어 주었다면 결코 그런 일이 없었을 것이라는 아쉬운 생각을 해 본다. 이는 분명히 잘못된 일이라고 생각하기 때문이다.

한국교회의 목회자들을 포함한 모든 기독교 지도자들이 다 그렇다는 말은 결코 아니다. 그러나 예수께서 하신 말씀 가운데"진실로 내가 네게 이르노니, 인자가 올 때에 세상에서 믿음을 보겠느냐?"라고 하신 말씀이 있다.

예수님은 거짓말을 하실 수 없다.

현재 우리나라에 기독교의 교파 수가 400개가 넘는다고 한다면, 아무리 변명의 말을 늘어놓더라도 그것은 아니라는 대답이 옳을 것이다. 교파 중심의 기독교 운동으로 착각을 하는 모양인데, 그렇게 하는 것은 결코 성경적인 기독교 운동이 아니라고 본다. 교파는 방편이지 목적도 아니고, 수단이 되어서도 안된다고 생각한다.

무려 400개가 넘는 교파를 가진 우리 한국교회가 하나님께서 보시기에 과연 잘하고 있는가 하는 문제에 대해서는 회의적懷疑的이라는 말 보다 부정적否定的이라는 말 밖에 할 말이 없다.

이는 우리 한국교회를 비판하고 욕하려는 것이 아니다. 스스로 깨닫고 반성하여 성경적인 기독교 운동으로 회복되어야 한다는 절박감을 드러내려는 것뿐이다. 참 된 기독교 운동은 인간들이 모여서 교파를 만드는 것에 앞서서 하나님과 나와의 관계가 성경적으로 이루어지는 수직적垂直的인 뜻으로 이해되어야 할 것으로 본다.

하늘 보좌를 버리시고, 사람의 몸을 입고 이 세상에 오신 제 2위 하나님 예수 그리스도의 도성인신道成人身과 십자가의 속죄 죽으심은 우리 인간의 구원으로 다시 하나님과의 합치合致를 전제로 한 것이었다. 바로 그렇게 하는 것이, "하나님이 보시기에 심히 좋았더라"라고 하신 원 창조의 회복이요, 인간을 포함한 천지 창조의 목적이라고 믿는다.

성경을 떠난 기독교는 있을 수도 없지만, 성경에 반反하는 기독교 운동 역시 참 된 기독교 운동이 아니라, 하나님과 기독교라는 이름을 팔아서 자기들의 사욕邪慾을 챙기려는 뜻 외에 다른 뜻이 있을 수 없다.

그리고 현대인들의 판단력과 지성知性의 도度는 결코 목회자牧會者들에 비하여 뒤지지 않는다는 것을 알아야 한다.

기본교육도 갖추지 않는 상태에서 군소신학교를 나온 다음 자기들 교단의 숫자를 늘리기 위한 수단을 이용하여, "나도 목사다"라고 하는 잘못된 인식이 오늘날 우리 한국교회를 병病들게 하고 있지는 않은지 반성하고 회개해야 할 문제라고 본다.

왜 현대인들이 기독교를 비방하고, 교인들까지 등을 돌리고 돌아서는가 하는 문제를 목회자들은 좀 더 심각하게 생각하고 받아들여야 할 것으로 본다.

예수님의 말씀대로 알곡과 가라지가 함께 자라고 있다.

곡식이 무성할 때는 가라지가 잘 보이지 않더니, 가라지가 무성하여 알곡을 가리기가 어렵게 되어 버렸다. 예수님의 말씀대로 이는 추수할 날이 다가왔다는 증거라고 할 것이다.

추수는 하나님의 심판을 뜻하는 말씀으로 이해된다. 알곡은 모아서 곡간 안에 드리되, 가라지나 쭉정이는 모아서 꺼지지 않는 불에 던진다고 하셨다. 천국과 지옥에 대한 무서운 경고의 말씀이 아니겠는가?

우리는 다 같이 '하나님이 보시기에 심히 좋은 사람'이 되어서 하나님의 나라에 가야 할 것이다. 그러기 위해서 이제부터서라도 성경대로 예수 믿고, 성경대로 기독교 운동을 해서 먼저는 내가 하나님 앞에서 좋은 사람이 되고, 하나님 보시기에 좋은 사람 만드는 좋은 일을 하다가, 하나님 앞에 가는 것이 곧 성경에서 말씀하신 참 된 기독교 운동이요, 교회 운동이라는 생각에서 주재에 넘치는 간언을 글로 적어 본다.

6. 예배당에 다닌다는 것과 예수를 믿는다는 것은 다르다

참으로 안타까운 말을 또 해야 하겠다.

나도 기독교에 몸을 담고 있는 한 사람으로서 이런 말을 한다는 것은 참으로 가슴 아픈 일이라는 것을 알면서도, 만의 하나 반성과 회개의 의미에서 한다는 것을 전제로 하고 글로 써 본다.

지금 우리 한국교회는 앞을 다투어서 예수를 믿는 운동을 하는 것이 아니라, 예배당에 다니는 운동을 하기에 혈안이 되어 있다는 감이 든다. 그 결과 '하나님의 교회'라는 원리를 벗어나서, '우리 교회 운동'으로 전락 해 버렸다.

거룩하고 신성해야 할 예배의 질서도 바뀌고 말았다. 성경적인 하나님의 교회라면, 하나님의 말씀이 바로 전해져야 하고, 성례聖禮가 바로 집행되어야 하고, 치리권治理權이 바로 행사되어야 할 것이다. 그런데도 강단의 설교는 성경보다 예화例話나 간증干證으로 탈바꿈을 해 버렸고, 성례는 하나의 의식儀式일뿐 성경적인 의미는 다 없어지고 말았다. 그리고 치리권의 행사는 이미 그 의미를 떠난지 오래되어 버렸다.

어느 교회에서 치리를 받았으면 이 세상 어느 유형교회有形敎會로 옮겨 갔든지 그 법적 효력은 같다. 그런데도 이 교회에서 치리를 받고 저 교회로 자리 옮김만 하면 바로 취임을 하는 교회의 질서는 크게 성경에서 벗어났고, 잘못된 것이다.

그래서 예수를 믿는 것이 아닌 예배당에 다니는 것으로서 구성원構成員으로서의 자리만 지키면 다 되는 것으로 변질變質되고 말았다는 말이다. 참으로 안타까운 충정에서 쓴 소리를 써야하는 필자의 마음도 심히 아프고 괴롭다.

사람이 많이 모여들면 큰 교회요, 성공한 목회라고 한다. 그래서 결국 노골적으로 위성교회운동衛星敎會運動까지 일어나지를 않는가? 교단운동에 한걸음 앞장서서 또 위성교회운동을 하는 형편이고 보면 과연 그렇게 하는 것이 성경적이며, 하나님이 보시기에 좋은 일인가를 생각해보아야 한다.

예수께서 말씀하시기를, "두 세 사람이 내 이름으로 모이는 그들 중에 나도 함께 있을 것이다"라고 하셨다. 그렇다면 어느 목사의 설교를 듣기 위해서 예배까지도 비껴서 그 목사의 설교를 듣는 것으로 예배를 진행하는 위성교회의 예배 행위가 과연 옳다는 말인가를 묻고 싶다.

이를 두고 한 예배당 안에 장소가 분리 된 자리에는 마이크를 설치하여 그날의 설교를 같이 듣지 않느냐고 반문할 수 있을 것이다. 그러나 분명히 위성교회 운동과 마이크 설치의 문제와는 근본적으로 다르다는 것을 말하고 싶다.

예수께서 말씀하시기를, "하나님은 영靈이시니, 예배하는 자가 신령神靈과 진정眞正으로 예배해야 할 찌니라"라고 하셨다. 예수께서 말씀하신 신령과 진정으로 드리는 예배는 위성교회운동으로 한 교회에서 하는 목사의 설교를 듣기 위해서 다른 지방에까지 영상예배를 드리도록 하는 것은 결코 잘한 일이 아니라고 생각한다.

하나님께 드리는 예배가 성경대로 바르지 않는 한 한국교회는 다시 살아날 수가 없다고 본다. 그래서 예배의 질서를 바로 세워야 한다고 본다.

예배당에 다니는 운동으로서 위성교회 예배가 인정될 수는 있을지 모르나 결코 성경에서 말씀하고 있는 신령과 진정으로 드리는 예배는 아니라고 생각한다. 성경을 떠난 기독교 운동은 어떠한 경우라도 용납되어서는 안 될 것이다. 그래서 우리는 예배당에 다니는 구성원 된 것으로 만족할 것이 아니라, 한 사람 한 사람이 하나님 보시기에 심히 좋은 사람 곧 성경말씀대로 예수를 믿고 예배를 드리는 사람이 되어야 한다는 말이다.

우리 기독교 운동의 전형典型은 4세기 초, 교부敎父들의 시대까지로 본다. 교부시대란, 예수님이 세우신 사도들의 활동시대를 지나 사도들의 제자들이었던 속사도屬使徒들과, 그들의 제자들이 활동하던 시대를 이르는 말로 이해하면 될 것이다.

이 때까지의 신앙信仰과 신학운동神學運動이 가장 성경적이었다는 말이다. 그리고 그 시대를 이끌었던 교회의 지도자들은 한결같이 순교자殉教者들이었다는 것을 알 수 있다.

우리는 여기에서 신앙이나 신학에 대한 것은 모를지라도 그 시대를 이끌었던 교회의 지도자로서 교부들 곧 목회자牧

會者들은, 모두가 실력이 뛰어나고 덕망德望이 높은 대학자大學者들이었고, 경건한 성자聖者로서의 길을 걸었든 분들이었다는 말이다.

하나님 앞에서 최선의 노력과, 최고의 학문적인 수준과, 성경을 중심으로 한 생활신앙生活信仰으로 모든 사람들의 본本이 되는 인물이 교회의 지도자요 목회자들이었다는 말이다.

그들은 지금과 같이 '우리교회 운동'을 하는 사람들이 아니었고, '예배당에 다니는 사람들을 끄집어 모으는 '예배당에 다니는 사람의 교회운동'이 아니라, 예수를 믿는 운동을 일으켰고, '하나님의 교회 운동'을 하다가 마지막에는 순교의 제물로 죽어갔었다는 말이다.

미말의 한 기독교인으로서 우리 한국교회에 대한 더 다른 비난의 소리를 쓰고 싶지 않다. 다만 간절히 바라기는 성경적인 기독교 운동으로 예배당에 다니는 사람을 끌어모으는 우리교회 운동이 아니라, 성경말씀대로 믿고, 성경대로 '하나님이 보시기에 심히 좋은 사람'을 기르는 교회운동을 해야 한다는 기대를 가지고 이러한 글을 써 보았을 뿐이다.

7. 너는 거기서 돌아서라

참으로 안타까운 마음으로 이 글을 써본다. 즉, 하나님께서는 자기 백성들을 향하여 예나 오늘이나 변함없는 같은 말씀으로 하시기를, "너는 거기서 돌아서라"라고 하신다.

하나님께서는 일찍이 노아 홍수시절부터 시작하여 백성들이 하나님의 진노에 죽어가는 것을 막아보시려고, "너는 그들 중에서 나와서 내게로 돌아오라"라고 하셨고, 세상이 부패하고 타락하여 죄악이 관영해졌을 때에 하나님께서는 진노의 칼을 뽑아 드셨으나, 자기 백성들을 향해서는 반드시 "너는 거기서 돌아서라"라고 하셔서 잘못된 길에서 돌아서서 하나님의 진노를 피하라고 경고 해 주셨다.

특히 이스라엘 백성들이 바벨론 나라로 포로가 되어 가기 전에도 수없이 그의 선지자들을 통하여, "너는 거기서 돌아서라"라고 하셔서, 죽음을 피하여 살아남을 것을 역설

해 주셨다. 그러나 백성들이 하나님의 말씀을 경청하지 않았기 때문에 더러는 칼에 죽고, 불에 타서 죽고, 잡혀가기도 하고, 처절한 고난을 겪어야 했다. 하나님께서는 지금도 자기 백성들을 향해서 절규하고 계신다.

"돈을 사랑함이 일만 악의 뿌리가 되니 너는 거기서 돌아서라"

"세상과 짝하는 것이 하나님과의 원수가 되니 너는 거기서 돌아서라"

"육신대로 살면 죽을 것이니 너는 거기서 돌아서라"

"세상의 유행에 빠져들면 죽게 될 것이니 너희는 거기서 돌아서라"

"세상의 욕심에 빠져들면 죽게 될 것이니 너희 거기서 돌아서라"

"세상 권세를 두려워하면 하나님의 능력을 받지 못하리니 너희는 거기서 돌아서라"

"세상나라들은 멸망할 것이니 너희는 거기서 돌아서라"

"우상을 섬기면 죽게 될 것이니 너희는 거기서 돌아서라"

"세상의 마지막 날이 가까웠으니 너희는 거기서 돌아서라"

참으로 우리가 줄을 끊어 버리고 돌아서야 할 일들이 너무도 많다. 돌아선 다음에 갈 길은 분명하다. 하나님께로 나아가는 것이다. 하나님께로 돌아서는 사람은 세상의 모든 줄을 끊어 버린다. 하나님의 진리를 따라서 의를 행하며, 예수 그리스도를 구주로 믿고 믿음 안에서 살아간다.

왜 세상이 이럴까? 현대를 살아가는 사람치고 지금의 세상이 살기 좋은 세상이라고 한다면, 아마도 그것은 극단적인 타락 이외의 다른 것을 몰라서 일 것이고, 조금이라도 바른 가치관價値觀을 갖는 사람이라면, "세상이 이래서는 안 될 것인데?"하고 현재를 의심하고 부인 할 것이다.

물론 사람이라고 해서 모든 사람의 생각이 같을 수는 없을 것이다. 그러나 최소한이라도 역사의 수레바퀴가 어떻게 돌아가고 있다는 것을 아는 사람이라면 이 세상에 대해서 긍정肯定 보다는 부정적否定的인 말이 더 많을 것이다.

경제라는 논리를 앞세워 모든 가치의 기준을 돈으로 평가하는 현대인들의 사상이 바르다고 한다면 아마도 영원히 되돌릴 수 없는 불행에 빠지게 될 것이다. 그러나 이것이 아니라는 것을 깊이 깨닫고 여기에서 돌아서야 한다는 생각을 가진 사람들에게만은 기회가 있을 것이다.

부모도, 자식도, 가족도, 친척도 다 없어져 버렸다. 극단적으로는 부부도 돈에 밀려서 뒷전으로 쫓겨났다. 사회범죄社會犯罪의 대종이 돈 때문에 오는 경제사범들이다. 상속相續문제에서 오는 불륜不倫의 범죄, 보험을 타기 위해서 꾸며진 패륜悖倫의 범죄, 콤퓨터Computer의 기술을 이용해서 몰려오는 과학적인 범죄, 온갖 도박賭博의 기교를 타고 벌어지는 날치기 범죄, 자기의 권력이나 감투를 이용해서 꾀어내는 사기 행각의 범죄, 달콤한 감언이설甘言利說로 꾸며서 뽑아내는 파렴치의 범죄에다 심지어는 성직聖職을 이용해서 돈을 긁어모으는 사기의 수단으로 삼는 성직자들의 범죄 등 이루 헤아리기조차 어려울 정도의 수많은 범죄에서, "너희는 거기서 돌아서라"라고 성경은 경고하고 있다.

범죄의 모든 특징은 유혹誘惑이다. 가만히 꼬셔대는 유혹이야 말로 가장 귀를 부드럽게 해 준다. 달콤한 말로 유혹을 한 다음 덫에 걸려들게 하고, 마침내는 그 덫에 걸려서 죽게 만들어 버린다. 그런데도 사람들은 우선 달콤한 말의 유혹에 말려들어서 헤어날 수 없는 경지에 이르러서야 후회를 하고 아우성을 치지만 이미 때가 늦은 다음에 후회만 남길 뿐이다. 그러므로 성경은 다시 소리쳐 외친다.

"너는 거기서 돌아서라"라고.

세상의 종말이 가까 왔으니 돌아서지 않는 사람은 살아남지 못할 때가 다가올 것이다. "너는 거기서 돌아서라"라고 하신 말씀은 아직도 기회機會가 남아 있다는 말씀이다. 돌아오는 자들을 받아드릴 준비가 되어 있고, 돌아올 수 있는 문門이

"하나님이 보시기에 심히 좋았더라"에서부터 시작하여, "진리를 알지니 진리가 너희를 자유케 하리라"라고 하신 예수님의 말씀은, 아직도 우리에게 기회가 있다는 것을 알려 주심이다. "너는 거기서 돌어서라"라고 하신 말씀은, 기회의 마지막을 호소하는 최후의 통첩과도 같은 말씀이다.

"들을 귀 있는 자들은 성령이
교회들에게 하시는 말씀을 들을 찌니라"

다섯째
내가 살아야 할 이유

†

나는 하루에 세끼씩 꼭꼭 밥을 챙겨먹어야 하는 '밥벌레'가 되는 것이 싫다.

지금까지 내가 살아왔던 과거를 돌아다보면 하나같이 부끄러운 일로 가득 차 있었다는 것을 고백한다.

아무런 뜻도 없이 살아왔던 지금까지의 나는 참으로 부끄러운 바보였고, 쓸모없는 사람으로서 하루에 세끼씩 밥만 축내는 사람이었다는 것을 고백한다.

물론 지금도 내가 꼭 살아야 할 쓸모있는 사람이라는 것을 당당하게 내 세울 수는 없다. 그러나 내 나름대로의 새사람으로 살고 싶다는 마음을 가지고 살아간다는 말만은 할 수 있는 것 같다.

지금까지의 나는 지나칠 정도로 자신만을 위한 이기심利己心에 사로

잡혀서 자기의 욕심을 챙기는 일에만 열중해 왔다. 예수를 믿는 사람으로서 성경찬송가를 들고 주일 예배에는 빠짐없이 열심히 다녔다. 그러면서도 어느 것 하나 내어놓을 수 있는 일을 해 본 것도 없고, 어느 누구 한 사람 자신 있게 하나님이 보시기에 심히 좋은 사람으로 이끌어 주었다는 말도 못하겠다.

다른 사람은 고사하고 나 자신도 하나님이 보시기에 심히 좋은 사람이었다고 말을 할 수 없다.

그렇다고 해서 지금은 하나님이 보시기에 심히 좋은 사람이 되기에는 아직도 멀었다고 생각되나, 그렇게 되기를 위해서 힘쓰고 노력한다는 말만은 할 것 같다.

부끄러운 변명이라고 할지라도 나는 스스로의 과거를 지워버리고, 현재로부터 시작하여 미래를 바라보고 살고 싶다.

이렇게 생각하는 이 순간부터서라도 '하나님이 보시기에 심히 좋은 사람'이 되어서 단 한 사람이라도 '하나님이 보시기에 심히 좋은 사람'이 되도록 인도해 드리고 싶다.

그것까지도 내가 해 낼 수 있다는 말은 못하겠으나, 마음만이라도 그러한 마음을 가지고 살아가고 싶다.

내 스스로 내가 살아야 할 삶의 보람을 찾지 못한다면 나는 순간적으로 무너지고 말 것이라고 생각한다. 아무데도 쓸모없는 사람이라면 그보다 더 불행한 일이 어디 있을까를 상상해 본다. 그것도 그 사람이 다른 사람이 아닌 나 자신이라고 생각할 때에 내 가슴은 아찔한 충격을 느낄 정도이다.

그래서 그런 이야기들을 하려고 우선은 글을 쓰기로 했다.

그리고 그 다음에는 하나님께 맡기고 기도를 하면서 조용히 기다리고 있다.

1. 나도 하나님께 지으심을 받은 사람

사람의 기원起源에 대하여 자연발생설自然發生說과, 진화설進化說과, 창조설創造說의 세 가지가 있는 줄로 안다.

그 가운데서 나는 창조설을 믿는다.

창조설이란 처음 인간을 창조주 하나님께서 직접 만드시되, '하나님 닮음의 사람'으로 만드셨다고성경은 말씀하고 있다. 창조주 하나님께서 천지만물을 창조하신 다음에 맨 마지막으로 하나님께서 지으신 천지만물을 주관하고 다스리게 하기 위하여 사람을 만드시되, 흙으로는 사람의 육체肉體를 만드시고, 그 사람의 코에 '하나님의 생기生氣'를 불어넣어서 하나님 닮음의 생령生靈, Living Being이 되게 하셨다고 성경은 말씀하고 있다.

하나님 닮음의 생령은 곧 하나님의 형상形象과, 하나님의 모양模樣을 닮았다는 말씀으로서, 이는 우리 인간에게만 있는 영생하는 영혼靈魂과, 인격人格을 이루는 이성理性이 하나님을 닮게 만드셨다는 말씀으로 이해된다.

창조주 하나님께서는 자기가 만든 그 사람에게, 하나님이 지으신 세계의 모든 것들을 주관하고 다스리라는 특권적인 지위 곧 '만물의 영장'이라는 직위를 부여해 주셨다.

창조주 하나님께서 지으신 존재의 세계를 친히 직접 거느리고 다스리신 것이 아니라, 우리 인간에게 맡겨서 '창조주 하나님을 대신하여'하나님께서 지으신 피조물被造物의 세계를 친히 주관하고 다스리라고 하셨다.

창조주 하나님께서 지으신 피조물의 세계는 참으로 아름답고 좋은것들 뿐이었다. 대 자연의 만물만이 아니라, 하나님 닮음의 사람까지가 하나님이 보시기에 심히도 좋은 존재들이었다. 그것을 우리 주관하고 다스리라고 인간에게 맡기셨다.

하나님이 보시기에 심히 좋은 사람으로서, 하나님이 보시기에 심히 좋은 것들을, 하나님이 보시기에 심히 좋은 것들이 되도록 주관하고 다스리라고, '만물의 영장'이라는 특권特權까지 주시고 맡겨 주셨다.

그런데 만물의 영장이라는 특권까지 받은 인간이 마귀의 유혹에 빠져서 스스로 범죄하여 타락해 버렸고, 인간의 범죄와 타락은 만물의 영장으로서 주어진 특권을 박탈剝奪 당해야 했고, 그토록 하나님이 보시기에 심히 좋았던 대자연은 창조주 하나님의 저주 아래 떨어지게 되었다.

그러므로 인간의 범죄와 타락은 '하나님이 보시기에 심히 좋은 것들'을 변질시켜서 추한 것들로 전락하게 되었고, '하나님의 좋으심' 곧 하나님의 영광이 순간이나마 차단되게 해 버렸다.

창조주 하나님의 창조 목적이 '심히 좋으심' 곧 하나님의 영광이었다면, 하나님께로부터 지으심을 받은 우리 인간 곧 나 자신도 하나님의 영광을 드러내기 위하여 지으심을 받았다는 말이다.

나 역시 나를 낳아주신 부모님이 계신다. 그러므로 나는 부모님의 부정모혈父精母血을 받아서 태어났다. 그러나 나는 분명히 하나님의 직접 지으심을 받고 태어났다는 확신을 가지고 있다. 내 육체는 분명히 부모님으로부터 태어났으나, 내 영혼靈魂은 하나님의 직접적인 창조의 지으심을 받고 태어났다는 것을 믿는다. 유독 사람만이 하나님 닮음으로 지으심을 받았다는 것은 '만물의 영장'으로서의 특권상의 책임과 사명이 있다는 말씀과도 같다.

이 말은 성경에서 말씀하고 있는 모든 진리는 성경 속에 나오는 인물들에게 하신 말씀이 아니라, 바로 나에게 하신 하나님의 말씀으로 믿기 때문에, 나는 하나님의 직접적인 창조에 의해서 지으심을 받은 사람이라는 것을 믿는다. 즉, 처음사람 아담의 창조는 곧 나를 창조하심이라는 말씀으로 믿는다는 말이다.

그 이유는 간단하다. 우리 인간은 시간時間의 한계 속에서 살아가지만, 하나님에게는 시간과 공간을 초월하신 하나님으로서 시간이나 공간의 차이가 있을 수 없다는 것을 알고 있다. 나에게는 아주 오랜 시간이 흘러간 옛 이야기일지 모르나, 하나님께서는 지금 바로 현재로 살아계신 편재遍在, Omni-presence하신 하나님이시라는 것을 믿는다.

그러므로 나는 하나님께로부터 직접 지으심을 받은 사람으로서 어느 누구의 지배나 간섭아래 예속 된 존재가 아니라, 만물의 영장으로서 책임과 사명을 가지고 태어난 사람이라는 말이다.

그리고 나는 하나님이 보시기에 심히 좋은 사람으로 지으심을 받았다. 이는 얼굴의 아름답고 잘 남이 아니라, 하나님께서 보시는 내면의 사람이 참으로 좋은 사람으로 지으심을 받았다는 말이다.

나는 처음부터 '하나님이 보시기에 심히 좋은 사람'으로 태어났으니, 처음 모태에서 태어날 때부터 목적을 가지고 태어났으면서도 그 목적을 모르고 살았다는 말이다. 내가 이 세상에 태어나게 된 목적에 대해서, 나를 낳아주신 부모님도 모르고, 나 자신도 몰랐다. 여기에서 나는 나에 대한 삶의 참 가치를 찾는다. 하나님이 보시기에 심히 좋은 사람으로 지으심을 받았으니, 다른 사람도 하나님이 보시기에 심히 좋은 사람이 되도록 이끌어야 하고, 하나님이 보시기에 심히 좋은 것을 찾아내는 연구를 해야 하므로 하나님이 보시기에 심히 좋은 일을 해야 한다는 것을 알았다.

나는 이제야 내가 살아야 할 이유를 발견한 것 같아서 이를 깨달아 알게 하신 하나님께 감사하고, 행복한 마음으로 열심히 살아가기로 한 것이다.

어느 누구의 지배나 간섭에서가 아니라, 스스로 하나님이 보시기에 심히 좋은 사람이 되기 위해서 힘쓰고, 다른 사람도 하나님이 보시기에 심히 좋은 사람으로 살아가도록 인도하고, 하나님이 보시기에 심히 좋은 것을 찾아서 연구를 계속하고, 하나님이 보시기에 심히 좋은 일을 하노라면 나는 비록 모를지라도 나를 지으신 하나님께서 나의 운명을 결정지어 주실 것으로 믿고 열심히 살아간다.

이러한 나의 생각과 마음은 하나님께서 주신 참 자유自由와 참 평화平和를 누릴 수 있고, 더불어 살아가는 공동체 사회의 구성원의 한 사람으로서의 몫을 다 하기 위해서 뛰는 행복幸福을 만끽하면서 살아갈 수 있다는 말이다.

2. 나는 성경을 통해서 배웠다

아마도 이 세상에 출간 된 서책書冊들이 모두 몇 권이나 될 것인지에 대해서는 바로 아는 사람이 없을 것이다. 특히 남들처럼 많은 책들을 읽지 못한 나와 같은 사람의 입장에서는 그 많은 책들에 대해서 별로 관심조차 없다는 말이 맞을 것이다.

초등학교로부터 시작하여 대학교에 이르기까지 시간마다 선생님이나 교수들을 통해서 열심히 강의를 받기는 했다. 더구나 신학교에 다닐 때에는 교수님을 통해서 책을 읽고 독후감讀後感을 써내라는 강요도 받아 보았다. 그러나 그 때마다 한 권의 교과서를 중심으로 선생님의 말씀만 열심히 들으면 공부를 잘 하는 것으로 인정을 받았으니 얼마나 형식에 매달려서 살았던가 하는 것도 생각해 본다.

참으로 부끄러운 일들로 가득 찼을 뿐이다. 이제부터는

더 부끄러운 고백의 말을 해야 하겠다. 나도 예수를 믿고, 성경을 조금씩 읽기 시작했다. 그저 예수를 믿는 사람이기 때문에 성경책과 찬송가책만은 반드시 가져야 할 것으로 생각하고 성경책과 찬송가책을 구했고, 습관적으로 다른 사람들을 따라서 뜻 없이 책을 펼쳐 보았다.

특히 성경책은 단상의 목사님께서 설교를 하시기 위해서 읽은 성경말씀의 몇 절 외에는 부디 시간을 쪼개서 성경을 읽은 일이 없다고 하는 것이 더 솔직한 고백일 것이다.

그렇게 하기를 몇 십년간이나 했던가? 참으로 부끄럽고 쑥스러운 고백일지라도 나는 그렇게 예배당에 다녔고, 교회에서 주는 권사라는 직분까지 받았으니 내가 얼마나 떳떳하지 못한 사람이었던가 하는 것을 그대로 다 털어놓는다. 이렇게라도 하는 것이 내 양심이 평안할 것 같기 때문이다.

내가 스스로 내게 대한 말을 한다면 어느 것 하나 자신 있게 내어놓을 것도 없고, 자랑삼아서 할 말도 없다. 그래서 나는 이 세상에서 가장 못난 바보였고, 못난 사람이었다는 말로 변명을 해야 한다.

그렇게 살아오는 동안 뒤늦게나마 내가 왜 살아야 하는

가 하는 것을 조금씩 깨닫게 되었고, 내게 대한 질문을 던져 보았다. 어느 누구에게가 아니라 자기 스스로에게 질문을 던져 보았다.

그러나 차마 어느 누구에게 물어볼 수도 없고 하여 막연히 성경책을 읽기 시작했다. 그렇게도 지루하게만 느껴졌던 성경책이 왜 그렇게 정다워지는지 나도 모르게 감탄의 소리가 터져 나올 정도로 성경말씀이 가슴속 깊이 파고들기 시작했다.

성경책만 펼쳐들면 졸음이 먼저 찾아들었다는 말이 맞을 것이다. 그런데 나도 모르게 성경책을 읽기 시작했더니 읽으면 읽을수록 더 읽고 싶은 성경책은 나도 모르게 나의 인생을 활짝 바꾸어 버렸다. 실종된 나의 인생을 되찾아 주었다는 말이다. 방황하던 나의 인생을 새로운 삶의 길로 인도해 주었다.

성경책은 나에게 새로운 삶의 희망을 주었고, 살아야 할 이유를 알려 주었고, 내가 해야 할 일들을 가르쳐 주었다.

존재存在의 시작으로부터 형식에 이르기까지 어느 한 가지 빠짐이 없이 다 말씀해 주었고, 나의 무지無知를 깨우쳐서 새로운 가치관價値觀을 심어주었다.

“천지는 없어질지라도 내 말은 없어지지 않고 반드시 이룰 것이라”고 하신 예수님의 말씀이 너무도 실감 있게 내 양심을 두들겨 깨워줬다.

분명히 성경은 우리 기독교의 경전經典이다. 나도 항상 그렇게만 알고 있었다. 그런데 성경말씀을 파고들면 들수록 그 진리의 깊이에 대해서는 말할 필요도 없거니와, 학문적인 가치로도 이 보다 더 한 책이 있을 것인가 라고 느낄 정도이다. 우주宇宙가 생성된 천지창조의 이야기로부터 시작하여, 처음 인류의 발생과 인간 역사의 이야기들이 너무도 구체적으로 자세하게 제시되어 있다. 우리는 우주의 역사를 40억만년 이상까지도 유추적으로 추리하여 생각 해 본다. 하지만 그것들은 하나 같이 가정假定일뿐 단정적인 답은 아니다. 그러나 성경은 너무도 정확하게 천지 창조의 시작부터 우리 인류의 역사가 끝나는 날까지는 물론, 그 후에 되어질 내세에 대한 문제까지도 자상하게 말씀해 주고 있다.

아무리 인간의 두뇌가 발달하고, 과학문명의 지혜가 뛰어난다고 할지라도성경에서 말씀하고 있는 존재의 세계 안에서 이루어질 뿐 그 이상의 것은 없다. 영원한 진리로부터 시작하여, 모든 사상과, 역사와, 문명의 과정 등 어느 것 할 것 없이 성경을 떠난 것은 없다고 해야 할 것이다.

성경은 하나의 고서古書와도 같다. 그러므로 표현의 방식은 현대와는 다를지라도 그 원리는 성경에서 말씀하고 있는 범주範疇를 벗어난 것은 하나도 없다고 함이 옳을 것이다. 예컨대, 이태리가 낳은 과학자 갈릴레오Galileo: 1564-1642가 주장했던 지동설地動說에 대하여 성경은 매우 의미심장한 말씀으로 욥기서에 전해주고 있다. 욥은 기원전 3세기에 살았던 인물로 알고 있다.

그런데 욥기서 26장 7-8절에 기록하기를, "그는 북쪽을 허공에 펴시며, 땅을 아무 것도 없는 곳에 매다시며, 물을 빽빽한 구름에 싸시나 그 밑의 구름이 찢어지지 아니 하느니라"라고 했다. 이는 그 당시의 표현의 방식과 차이일 뿐 얼마든지 지동설을 주장할 수 있게 하고 있지 않는가? 성경은 읽으면 읽을수록 그 뜻의 오묘함은 측량할 수가 없다.

성경은 존재와 형식이 시작 된 이래 어느 한 가지도 빠짐이 없이 너무도 자세하게 말씀해 주고 있어서 읽으면 읽을수록 더 읽고 싶고, 한 가지를 알게 되면 더 많은 것을 깨닫게 해주는 하나님의 말씀으로서의 성경은 분명히 하나님의 계시啓示요, 하나님의 말씀이요, 하나님의 진리眞理요, 반드시 이루실 하나님의 언약言約이라는 신적神的인 권위를 가진 책이라는 것을 알게 한다.

그래서 나는 성경을 좋아하고 사랑한다.

3. 한 해의 설계設計

누구나 한 해가 다 가고 또 다른 새 해가 오게 되면 당연히 새해의 설계設計를 할 것으로 안다.

별로 할 일이 없을 것 같은 나도 나름대로의 새해 설계를 해 본다. 물론 새해의 설계를 하기 전에 지난해에 내가 어떻게 살아왔던가를 지난해에 세워둔 한 해의 설계를 기준으로 내가 살아온 1년 동안의 반성과 결산의 의미에서 되돌아본다.

새해를 맞이하기 전에 세웠던 한 해의 설계가 그대로 맞아졌던 해는 그다지 많지 않았다. 잘 살았다고 해야 겨우 설계의 85%정도를 지켰다면 그런대로 잘 살았다고 할 것이나, 못나고 부끄러운 일들로 점철되어 있었다면 얼굴이 화끈하게 달아오르면서 하나님 앞에 죄송한 마음으로 눈시울이 붉혀져야 한다.

그런데도 또 새해가 다가오면 어김없이 나름대로의 설계를 세워 보는데, 그 첫째가 새해에는 성경을 몇 번이나 읽을 것인가 하는 문제다.

새해의 설계를 짬에 있어서 성경 읽는 것을 첫째로 하는 것은 그 이유가 간단하다. 즉, "네 영혼이 잘됨 같이 범사에 잘 되고 강건하기를 원하노라"라고 기록한 사도 요한의 말씀을 생각하기 때문이다.

하루에 삼시 세끼의 밥을 먹는 것은 육체의 건강을 위함이라고 하기 전에 살아남기 위해서라고 함이 더 맞는 말일 것이다. 그렇다면 내 영혼이 잘되어야 범사에 잘되고, 강건할 것이라는 것은 참 진리의 사실이다.

하나님의 말씀인 성경은 내 영혼의 양식糧食이다. 영혼의 양식인 성경말씀을 더 많이 먹어야 영혼이 잘 될 뿐만 아니라, 모든 일들이 잘 되고 또 강건할 것이기 때문에 성경말씀을 더 많이 읽어야 하지만, 보다 더 중요한 것은 성경은 일점일획도 변함이 없이 반드시 그대로 이루어질 하나님의 말씀이기 때문에 더 많이 읽어야 한다.

성경은 내 영혼이 구원을 얻는 하나님의 진리인 동시에 또한 삶의 지혜와 교육적인 모든 교훈의 말씀이 여기에 다 있기 때문에 사욕私慾을 채우기 전에 먼저 참 사람으로 살고 싶은 마음에서 성경을 읽어야 한다는 말이다.

성경을 읽기 위한 계획이 세워졌으면 그 다음에는 글을 쓰고 책을 펴내야 할 것을 계획해 본다. 본래 글재주가 없는 사람인데도 글을 써야 할 필요를 느끼는 것은 나의 진심을 글로써 표현하고, 남모르게 가슴 속에 담아놓고 울먹이며 살았던 과거를 뉘우치고, 못다 한 말들을 글로 남겨싶은 마음에서 글을 쓰려는 것이다.

나는 결코 글을 써서 책을 펴냄으로 글 장사를 하려는 마음은 전혀 없다. 그러나 이 세상에는 나처럼 아주 바보스럽게 숨어서 살아가는 사람들이 많이 있을 것이라는 생각에 그들과 함께 글로서 대화를 하면서 새로운 인생의 세계를 열어보자는 뜻에서 글을 써야한다고 생각한다. 그리고 그 다음에는 새해에는 내가 얼마나 하나님이 보시기에 심히 좋은 일을 할 것인가 하는 것을 계획하고 설계를 짜본다.

지금까지 살아오면서 어렸을 때에는 부모님의 은덕으로 살았고, 결혼을 한 다음에는 남편을 따라서 살았으니 내 스스로가 한 일이라고는 전혀 없지를 않은가?그러므로 이제부터는 나 스스로 하나님이 보시기에 심히 좋은 일이라고 생각되는 일을 해 보려는 것이다.

그러나 내게는 남들처럼 많은 물질은 없다. 물질로서 하는 일에는 자신이 없으나 마음으로는 할 수 있을 것이라는 자신감을 갖는다. 단 한 사람에게라도 하나님이 보시기에 심히 좋은 일을 해주고, 그 사람으로 하여금 하나님이 보시기에 심히 좋은 사람이 되도록 해 주고 싶다는 말이다. 그것을 사랑이라고 한다면 나는 자신이 없다. 예수님이 말씀하신 사랑의 사람은 못 된다는 것을 잘 알고 있으니까. 그러나 내가 할 수 있는 최선을 다 한다면 그것이 하나님 보시기에 심히 좋은 일이 될 것이라는 자신감을 가지고 최선의 정성을 다 해 보려고 한다.

그 다음에는 하나님께 감사하는 마음으로 살겠다고 스스로 다짐을 해 본다. 어느 것 하나도 하나님의 은혜가 아니면 살아갈 수 없는 자신의 처지를 너무도 잘 알고 있다.

이 세상 하늘 아래 어느 누구 한 사람 믿을 수도 없고, 기대할 수도 없다는 것을 잘 알고 있다. 의지할 곳 없는 고아처럼 외로운 나에게 친히 힘이 되어 주시고, 언제 어디서나 나와 함께 하신 하나님의 은혜를 저버릴 수가 없다.

사도 바울은 이르기를, "나의 나 된 것은 하나님의 은혜로라"라고 하였다. 어쩌면 이 고백이 나의 고백의 말씀이 될 줄이야!

내 생명이 끝나는 날까지 나의 맹세는 하나님의 은혜에 감사하면서 살아갈 것이라는 그 것이다.

내 양심의 노래

만 가지 은혜를 받았으니
내 평생 슬프나 즐거우나
이 몸을 온전히 주님께 바쳐서
주님만 위하여 늘 살겠네

4. 하나님의 이름이 이방인 중에서 너로 인하여 모독을 받는도다

사도 바울은 로마교회에 보낸 편지에서, "기록된 바와 같이 하나님의 이름이 너희 때문에 이방인 중에서 모독을 받는도다."라고 탄식조로 말씀하고 있다.

아마도 이 말씀은 오늘의 우리 한국교회를 향해서 하시는 말씀인 것 같아서 참으로 안타깝고 몸둘바를 모르겠다.

아무리 세상이 타락하고 부패해도 하나님의 성도들만은 살아 움직이는 생명력生命力을 발휘해야 할 것이라고 믿는다. 그런데 그와는 정 반대로, 하나님의 이름이 우리 그리스도인들 때문에 이방인들 중에서 모독을 받는다면 이 일을 어떻게 해야 할 것인가?

한 때나마 우리 한국교회의 성도들을 120만 명까지 계수

했었다. 그런데 지금은 700만 명 정도로까지 줄어들었고, 아무리 세상의 죄악이 관영하다고 할지라도 하나님의 교회와 성도들만은 믿어줬고, 특히 목사님들은 존경하여 머리를 숙였었다.

그런데 지금은 어떤가?믿어야 할 목사님들이 다 어디로 가셨다는 말인가?하나님의 교회는 어디로 자취를 감추어 버리고, '우리교회'가 판을 치는 세상이 되었는가? 꼬리를 물고 떠들어대던 '심령 부흥회'는 어디로 살아져 버렸는가? 더 이상 속지 않겠다고 부흥회 자체를 거부하는 사람들을 향해서 누가 감히 나쁘다고 할 수 있겠는가? 사기詐欺와 착취搾取를 잘해서 돈만 거머쥐면 축복을 받았다고 떠들어대는 속세의 기독교운동이 과연 잘했다는 말인가? 사이비似而非한 군소신학교에서 쏟아져 나오는 엉터리 목사들도 '하나님의 종'을 자처하고 나선다. 신분의 규격이나 자질 같은 것은 생각할 필요가 없다. 오직 '나도 목사다'라고 하는 딱지 하나로 어깨를 들썩거리는 수준미달의 목사와, 귀부인처럼 꾸며대고 활개를 치며 다니는 여자 목사님들은 과연 하나님의 종인지, 기독교 무속인巫俗人인지를 분간하기 어렵게 하고 있으니 과연 참 성경적인 기독교 운동은 어디에서 찾아보아야 할 것인가?

차라리 예수를 모르는 불신자라도 되었으면 다행일 것을, 누구보다도 예수를 잘 믿는 척 하고 거드렁 대는 사이비 그리스도인들과, 양 가죽을 뒤집어쓰고, 하나님의 양들이 노는 우리 안에 들어와서, 하나님의 양들을 노략질 하는 이리떼는 과연 누구를 지칭하는 예수님의 말씀인가? 더 이상 하나님의 이름이 사기꾼들에게 농락당하는 일이 없어야 한다.

제 3위 하나님 성령께서는 예수 그리스도를 증거하고, 그리스도인들을 진리로 인도하며, 하나님의 성도들과 영원한 동거를 위해서 보내심을 받은 하나님이시다. 더 이상 성령 하나님을 팔아먹고 이용하는 못 된 일은 그만해야 한다.

떼 몰려다니면서 '우리교회' '우리 교단'하면서 소리치고 찬송 부르는 요식행위 같은 낡은 수작은 그만 해야 한다. 하나님이 보시기에 심히 좋은 사람은 진리와 함께 사는 사람이다. 세상의 유행에 밀려다니는 사람이 아니라, 참 생명력으로 유행의 물결을 거슬러서 올라가는 사람이 참 그리스도인일 것이다.

돈에 살다가 돈에 끌려 다니다가돈 때문에 꺼져가는 사

람이 아니라, 돈을 지배하고 주관하는 사람이 되어야 참 그리스도인이 될 것이다.

만사를 돈으로 흥정하지 말라. 참 하나님의 사람은 돈의 유혹에 넘어가지 않는다. "돈은 일만 악의 뿌리가 되니, 너는 거기서 돌아서라"라고 성경은 경고하고 있다.

더 이상 하나님 팔아서 치부의 수단으로 삼지 말고, 더 이상 기독교의 이름으로 사기詐欺치는 일을 하지 말라.

돈벌이 수단으로 신학교神學校라는 간판을 내어걸고, 일자리 없는 남녀들을 끌어 모으는 일을 그만들 하라. 그런 사람들에게서 목사로 안수를 받았다고 하여 '나도 목사다'라고 거들먹거리는 천박한 일이란 제발 그만들 하라. 살아계신 하나님이 두렵지 않는가? 하나님의 이름이 나로 인하여 이방인들 가운데서 모독을 받는다면, 더 이상 이대로 가서는 안 될 것이 아닌가?

예수를 모르는 사람이라고 하여 탓하지도 말고, 불신자라고 해서 비웃지도 말고, 예수님처럼, "와 보라. 나를 따르라. 내게 배우라"라고 당당하게 초청을 할 수는 없을까?

이 세상에 예수를 모르는 사람은 거의 없을 것이다. 이제는 전도를 해야 할 시기라기보다는 하나님이 감추어두신 사람을 찾아야 할 때다.

그래도 하나님께서 감추어 두신 '하나님의 사람'들이 있기 때문에 우리 한국교회는 아직도 희망이 있고, 지금도 하나님의 교회로서의 명맥을 유지해 나가고 있다. 하나님의 성령이 탄식을 하면서 우리 한국교회가 회개하고 돌아오기를 고대하고 계신다. 다시 오겠다고 약속하신 예수 그리스도 재림의 날은 가까워졌다. 세상의 징조들은 예수 그리스도의 재림을 증거하고 있다.

5. 눈을 들어 밭을 보라

"눈을 들어 밭을 보라"라고 하신 말씀은 예수께서 세상의 끝 날이 다가오고 있다는 뜻에서 하신 말씀이다. 즉, 밭은 세상이요, 눈을 들어 밭을 보라고 하셨으니, 밭에 익은 곡식들이 무르익어서 추수秋收때가 다가오고 있다는 것을 뜻하신 말씀으로 이해된다.

그렇다. 역사의 종말기를 앞두고 세상이 되어지는 징조徵兆의 일들을 보면 세상의 끝 날이 다가오고 있다는 것을 알게 한다. 그렇다면 세상의 끝 날은 어떻게 올 것인가 하는 문제다. 이는 예수 그리스도 재림의 날이 곧 세상의 끝 날이 될 것이라는 말씀이다. 왜 예수 그리스도 재림의 날이 이 세상의 끝 날이 될 것인가? 이에 대한 답은 간단하다.

예수 그리스도의 재림은 세상을 상선벌악賞善罰惡간에 심판하시게 될 것이고, 심판의 결과에 따라서 영원한 천국天

國과 영원한 지옥地獄으로 갈라서게 될 것이기 때문이다.

아무리 나쁘고 악한 사람이라고 할지라도 악惡이 아닌 선善을 추구하게 되는 것은 본능적으로 하나님의 심판이 있을 것을 믿기 때문이다. 하나님의 심판은 예수 그리스도의 재림을 전제로 하기 때문에 이는 곧 추수 때와도 같기 때문에, 예수께서는 그의 사랑하는 제자들에게 "눈을 들어 밭을 보라"라고 말씀하셨다.

임박한 예수 그리스도의 재림을 앞두고 되어 질 세상의 징조는 죄악의 관영을 뜻하신 말씀이라고 생각하면 될 것이다. 사람들의 입에서, '이래서는 안 될 것인데?"라고 하는 말이 너무도 자연스럽게 흘러나오는 이유는 다 역사의 종말기에 되어 질 세상의 징조로 보아야 할 것이다.

사람들이 20세기에는 원자폭탄이原子爆彈이 지배하는 세상이라고 해서 A B CAtomic Bomb Century시대라고 했다. 그러나 21세기로 들어서면서부터는 현대과학문명現代科學文明, Modern Cience Civilization이 지배하는 세상이라고 하여, 모든 삶의 방식이 극도로 편리하게 되었다.

그러나 그 결과로 찾아오는 것이 무엇이었는가를 생각해 보면 알 것이다. 사람의 힘으로는 감당할 수 없는 온갖 범죄가 지금보다 더 심한 때가 어느 역사시절에 있었던가를 생각해 보면 알 것이다. 이스라엘 백성들이 바벨론에 포로로 잡혀갈 것을 앞두고 방황하고 있을 때에, 시드기아 왕은 친 애굽 정책으로 위기를 모면해 보려고 했다.

그러나 역사의 주인이신 하나님의 뜻은 전혀 변개할 수 없는 필연적인 사실로 단정해 버리시고, 그의 사랑하는 종, 눈물의 선지자 예레미야에게 하신 말씀이, "이 백성을 위하여 복을 빌지 말라"라고 하셨다. 그것은 아무리 이스라엘 백성들이 하나님의 선민選民이라고 할지라도 복 받을 일을 하는 것이 아니라, 하는 일마다 하나님의 뜻에 거역되는 죄악만을 자행하고 있었기 때문이었다.

오늘을 살아가는 현대인들에게 바라는 것은 '돈'을 제외하고 무엇이 있는가? 돈의 논리를 앞세우고 살아가는 현대인들에게는 부모父母나, 형제兄弟나, 일가一家나, 친척親戚 같은 것도 없고, 극단적으로는 부부夫婦나, 자식子息 같은 것도 다 없어진지 오래다.

상속相續문제로 인한 불륜의 범죄, 보험保險을 타기 위해서 부모나 부부까지도 팔아넘기는 세상을 어떻게 말을 하랴!

현대과학문명은 생활의 편의를 떠나서 온갖 범죄의 기교技巧로 발전해 버렸다. 인간의 존엄성이나 가치관 같은 것은 이미 현대인들의 의식에서 사라진지 오래다. 이러한 때를 당하여 예수께서 하신 말씀, "눈을 들어 밭을 보라"라고 하신 것은 하나의 경고警告의 말씀으로 받아드려야 한다. 즉, 세상의 풍조에 끌려가지 말고, 돌아서야 한다는 말씀이 아니겠는가? 세상의 유행에 끌려가지 말고, 자기 스스로를 하나님 앞에서 경건하게 지켜나가야 한다고 하신 말씀이 아닌가? 있다고 생각하기가 바쁘게 무정하게 날아가 버리는 돈의 유혹에 끌려가지 말고, 하나님을 향한 일편단심一片丹心 믿음을 지켜야 한다는 하나님의 당부의 뜻이 담긴 말씀이 아닌가? 아무리 돈이 많아서 부귀영화를 누린다고 할지라도 이 세상에서 죽어지면 아무 쓸데가 없다는 것을 알아야 한다고 경각심을 일깨워 주시는 말씀 곧 "눈을 들어 밭을 보라"라고 하심이 아니겠는가?

이 세상의 유행을 따르지 않고 거슬려 산다는 것은 참으로 힘들고 어려운 일이다. 그러나 참으로 예수 그리스도를 구주로 믿고, 하나님을 '아버지'로 부르는 사람이라면 '이 세상이 감당하지 못할 믿음'을 가지고, 믿음의 실상을 증거하면서 초월적超越的인'하나님의 사람으로 살아야 한다'라는 것을 일깨워주신 말씀이다.

예수께서는 역사 종말기에 되어 질 세상의 특징을 여러 가지로 말씀해 주셨다. 그리고 '거기서 돌아서라'라고 경고해 주셨다. 현대를 살아가는 그리스도인들은 결코 이 세상과 짝해서는 하나님 앞에서 살아남을 수 없다. 하나님의 사람들을 눈동자 같이 아끼시는 예수 그리스도께서는 다시 우리에게 말씀하고 계신다. "눈을 들어 밭을 보라"라고.

6. 브리스길라 라는 여자가 그립다

성경을 자세하고 깊이 있게 상고해보지 않은 사람은 그 이름조차 생소한 브리스길라Priscilla라는 여자는 당대에 로마의 귀족가문 출신의 여자이면서, 소아시아 지방 본도 태생의 유대인 아굴라Aquila와 결혼을 한 이방 여인이었다.

부디 이러한 여자를 들춰서 소개하려는 것은 그녀의 생애生涯와 행각行脚이 너무도 감동적이기 때문이라고 하겠다. 그녀의 남편 아굴라는 장막帳幕,Tent 치는 것을 업業으로 하고 살았기 때문에 브리스길라 역시 남편을 따라다니면서 장막치는 일을 도왔을 것이다.

아굴라와 브리스길라 이들 두 부부가 사도 바울을 만나게 된 것은, 사도 바울이 고린도 지방에서 장막을 치며 자비량自費糧 전도를 하고 있을 때에 업業이 같음으로 우연히 만나게 되었다. 그때에 로마 황제 글라우디오Claudius, Tiberius:

41-54 재위가 영을 내려, '유대인은 로마성에서 떠나라'라고 하여 아굴라도 그의 아내 브리스길라와 함께 고린도로 옮겨가서 장막 짓는 일을 하다가 사도 바울을 만나게 되었다.

그러한 그들이 사도 바울의 말을 듣고 예수를 믿게 되었고, 예수를 믿게 된 다음부터는 사도 바울의 전도여행에 항상 따라다니면서 전도사역을 위해서 평생토록 헌신한 충성스러운 사람이었다. 신약성경에는 브리스길라에 대해서 무려 여섯 번이나 소개되고 있다. 이는 그가 얼마나 사도 바울의 전도 사역에 충성을 다 했는가를 알게 해주는 말씀이며, 동시에 그의 믿음이 얼마나 간절하고 충성스러웠으며, 기독교 종교의 정착과 발전을 위해서 얼마나 많은 기여를 하게 되었는가를 알게 하는 말씀이다. 그 후 브리스길라와 아굴라 부부는 사도 바울이 고린도를 떠나 수리아 지방으로 떠날 때에 함께 동행을 하게 되었다.

특히 브리스길라와 아굴라 부부는 에배소에서 활동을 하고 있을 때에 우연히 알렉산드리아 출신 아볼로Apollos라고 하는 사람이 열심히 노방전도路傍傳道를 하고 있는 것을 보았다.

아볼로는 구약성경에 능하고 웅변력雄辯力이 뛰어나서 많

은 사람들의 존경을 받고 있는 인물로서 학문적으로는 사도 바울에 버금가는 사람이었다. 그런데 브리스길라와 아굴라 부부는 아볼로가 열심히 강론을 하고 있는 것을 들어보니 구약성경의 율법에 대해서는 능했으나 예수 그리스도의 복음福音과 성령聖靈에 대해서는 전혀 알지 못하고 있었다.

그리하여 브리스길라 부부는 아볼로를 자기의 집으로 초대하여 융숭하게 대접을 한 다음 예수 그리스도의 복음과 성령에 대해서 자세하게 가르쳐 주었고, 아볼로는 브리스길라 부부에게서 예수 그리스도의 복음과 성령에 대해서 처음으로 배우게 되었다.

브리스길라에 대해서 아무리 상고를 해 보아도 그의 학벌學閥 관계나 학문적인 소양을 쌓게 되었다는 기록을 찾아볼 수 없다. 그런데도 당대의 대 학자로서 명망이 높은 아볼로라는 사람에게 예수 그리스도의 복음과 성령에 대해서 자세하게 가르쳐 줄 수 있었다는 것은 그의 신앙과 함께 영성靈性에 대한 것을 알게 한다.

전인적全人的인 신앙이란 예수 그리스도를 주主로 믿고 복음전도의 사역에 임하는 사람이라면 누구나 할 것 없이 그의 지성知性과, 감정感情과 의지意志가 균형을 이루어야 한다는 것을 뜻하는 말로 본다.

그런데 브리스길라는 예수 그리스도의 복음에 대하여 자세하게 알고 있었고, 성령에 대하여 매우 자세하게 알고 있었기 때문에 자신이 체험한 성령의 은사를 가지고 자랑하는 것이 아니라, 성령 하나님의 사역에 대해서 바로 말해줄 수 있었다. 예수께서 보혜사 성령을 보내주신 것은, 예수 그리스도의 증거와, 성도들을 진리로 인도 할 것과, 예수 그리스도를 대신하여 하나님의 성도들과 영원한 동거同居를 하기 위함인 것이다.

특히 여자일수록 감성感性에 민감하여 성령의 은사를 강조하다보니 성령의 본질적인 목적에 대해서는 외면하고 있는 현대교인들, 특히 여성들의 신앙관에 대하여 브리스길라는 성령에 대한 참 진리를 아볼로에게 가르쳐 준 성령의 사람이었다는 것을 알게 한다.

뿐만 아니라 브리스길라와 아굴라 부부는 사도 바울이 동역자同役者 Fellow Workers라고 표현할 만큼 하나님의 복음 전도 사역에 충성을 다한 인물들이었다. 그리고 브리스길라는 자기 집을 하나님의 교회로 내어주고, 하나님의 교회

운동에 적극적인 여성도 였다는 것을 알게 한다.

여자 목사님들이 그 수를 헤아리기 어려울 만큼 쏟아져 나오는 우리 한국교회의 현실과 비교해 볼 때에 브리스길라의 경우 참 예수 그리스도의 여신자女信者요, 충성스러운 하나님의 일꾼이었다는 것을 알게 한다.

남녀를 가리지 않고 현재 우리 한국교회는 목회자의 질서가 엉망진창이 되어 버렸다. 죽도록 충성을 다 하기 위한 사명감使命感에서가 아니라, 생계의 수단으로 목사가 되는 사람, 부모님에게서 물려받은 자기의 재산을 유지하기 위해서 복지사역福祉使役이라는 명목으로 목사가 되는 사람, 쥐꼬리만 한 은사를 체험한 것을 내세워서 목사가 되는 사람, '나도 목사'라는 명예 때문에 목사가 되는 사람, 돈을 끌어 모으기 위해서 목사가 되는 사람들로 목사의 사태沙汰를 일으키는 시대가 되었으니 성경적인 기독교 운동을 어디에서 찾아보아야 할 것인지 참으로 안타까운 충정뿐이다.

이런 말을 할 때에 내 가슴은 미어질 것 같은 자책의 고통을 느낀다.

그러나 헐뜯기 위한 목적이 아니라, 어디에서 떨어지게

되었는가를 살펴보고 함께 고쳐나가기 위한 반성과 참회하는 마음으로 이러한 글을 써야 하는 나의 안타까운 마음을 고백한다.

7. 인자가 올 때에 세상에서 믿음을 보겠느냐?

예수 그리스도는 사람의 몸을 입으시고 성육신成肉身하여 이 세상에 오신 제2위 하나님이시다. 이것은 우리 기독교 진리 중의 진리요, 교리 중에서 가장 먼저 있는 첫 번째의 교리이다. 예수 그리스도에 대한 바른 인식이 없이는 기독교 종교에 대한 바른 이해가 있을 수 없고, 바른 믿음에 이를 수 없다.

일반적으로 예수 그리스도를 인간 예수, 역사 속에 오신 위인 예수, 사람들 위에 뛰어난 성자聖者 예수등 으로 이해할 수 있다. 그러나 분명히 예수 그리스도는 참 하나님으로서, 사람의 몸을 입으시고 인간들 속에 사람으로 오신 하나님이시다. 즉, 예수 그리스도는 하나님의 본체本體 되신다는 말과도 같다.

그가 사람의 몸을 입고 이 세상에 오신 한 그는 스스로를 가리켜서 "하나님의 아들" 곧 인자人子라고 하셨고, 하나님을 향해서는 '아버지'라고 부르셨다. 예수께서 자주 쓰시는 말씀 가운데, '아버지와 나는 하나다'라고 하셨고, '아버지께서 내 안에, 내가 아버지 안에 있다'라는 말씀을 하셨고, 또 '나는 아버지의 일을 한다'라고도 하셨다.

심지어는, "세상 사람들을 구원하시기 위해서 아버지께서 나를 보내셨다"라고도 말씀하셨다. 그리고 그는 말씀하시기를, '나는 곧 길이요, 진리요, 생명이니, 나로 말미암지 않고는 아버지께로 올 자가 없느니라'라고 하셔서 예수님 자신이 진리의 실체인 것을 알려 주시기도 했다.

이러한 예수께서 하신 말씀이, "진실로 내가 네게 이르노니, 인자가 올 때에 세상에서 믿음을 보겠느냐?"라고 하셨다. 이 말씀은 현재 우리가 생각하는 기독교 운동, 곧 예수 그리스도를 향한 믿음이 어느 것인가 하는 것을 도리켜 보게 한다. 물론 예수 그리스도를 향한 믿음은 믿음이기 때문에 아무도 사람으로서는 쉽게 이해할 수가 없다. 참 믿음에 대한 한 하나님 외에는 아는 사람이 없을 것이다. 심지어는 자기 자신까지도 종종 믿음에 대하여 확신을 하기 어려울 때가 있을 것이다.

일반적으로 사람들은 예배당에 다니는 것을 들어서 예수를 믿는 것으로 생각하고 있다. 그러나 이것은 성경에서 말씀하고 있는 믿음과는 전혀 다르다. 그러므로 자기의 신앙 곧 믿음에 대하여 다시 한 번 생각해 보아야 할 중차대한 문제라고 생각한다. 왜냐하면 예배당에 다니는 것을 믿음이라고 한다면, 예수님의 말씀이 거짓 말씀일 수도 있다는 엄청난 결론에 이를 수 있기 때문이다.

그래서 우리는 자주 예배당에 다니는 것과 예수를 믿는 것은 구분 되어야 한다는 말을 한다. 교단教團이라는 이름 아래 파벌派閥중심으로 기독교운동을 하는 우리 한국교회의 경우 더욱 더 조심스럽게 다가 가야할 말씀이라고 생각한다. 교세教勢의 크고 작음을 가지고 대 교단이니, 군소 교단이니 하고, 사람들이 얼마나 모이는가에 따라서 위세를 부리고 있지만 사실 성경적인 신앙은 전혀 그렇지 않다는데 문제가 있다는 말이다.

특히 중세 기독교운동을 하던 교부들이 한결같이 순교殉教의 제물로 살아지고, 로마 카톨릭교회 운동이 기성을 부리게 되자 뜻을 가진 신학자나 성현들은 세상을 등지고, 입산수도入山修道의 길을 걷기 시작했다는 교회의 역사歷史를 잘 이해하고 있다.

교단 중심의 기독교운동을 통해서 볼 때에 입산수도에 나섰던 수도사修道士들의 경우 전혀 신앙인이라고 할 수 없을 것 같다. 그러나 어느 누구 한 사람 그들을 향하여 신앙이 없었던 사람이라고는 매도하지 않는다.

오늘날 우리 한국교회는 대교회 중심으로 발전하고 있어서 사람이 작게 모이는 교회는 거들떠보지도 않는다. 교단이나 대교회를 부인하는 말은 결코 아니다. 교회 자체가 하나의 자녀들이 모인 공동체로서의 단체를 뜻하고 있기 때문에 교단도 필요하고, 사람들이 많이 모인 교회일수록 '하나님의 교회'로서의 성경적인 뜻을 갖는다는 것을 부인하는 말이 아니라, 지금 우리 한국교회와 같은 경우를 들어서 잘 못을 드러내 보자는 것이다.

그렇다면 과연 기독교 신앙의 진수眞髓를 어디에서 찾아야 할 것인가?

이름깨나 날리고 뽐내는 기독교 지도자라고 하는 사람들에게서는 아무리 보아도 성경적인 신앙을 찾아볼 수가 없다. 솔직하게 말해서 존경할 가치조차 찾아볼 수가 없다고 하면 실례가 될지 모르겠으나 사실이 그런 것을 어떻게 하랴? 큰 교회운동을 지향하는 목회자들에게 물어보겠다.

" 예수님이 거짓말쟁이인가?"라고 말이다.분명히 예수께서 하신 말씀 가운데, "내가 진실로 너희에게 이르노니, 인자가 올 때에 세상에서 믿음을 보겠느냐?"라고 하셨는데, 자기 교회를 중심으로 큰 교회를 놓고 자랑한다면 예수께서 하신 말씀이 전혀 다르지 않는가 말이다.

예배당에 다니는 것은 사람이 파악할 수 있으나, 참으로 예수를 믿는 사람에 대해서는 사람으로서는 파악할 수가 없다. 오직 하나님만이 알고 계실 것이다. 구원 자체가 하나님의 주권적인 의지의 행사이기 때문이다.

하나님만이 알아주시고 인정해 주시는 믿음을 가져야 할 것을 전제로 예수께서 하신 말씀이라는 것을 왜 모르는가?

우리는 각자가 자기의 믿음을 한 번 돌아보아야 할 때가 온 줄로 안다. 예배당에 다니는 것으로는 안된다. 그것은 사람 앞에 보이기 위한 하나의 위장술僞裝術은 될지라도 하나님이 구하시는 참 믿음은 아니다.

예수께서 자주 하셨던 말씀, 곧 알곡과 죽정이는 무엇을 뜻하심일까? 예배당에 다닌다고 해서 다 구원을 받은 것은 아니라는 것을 알 것이다. 곡식밭에 뿌려진 가라지를 어찌하랴! 분명히 나 자신은 가라지가 아닌 알곡으로서의 가치를 가지고 있어야 한다. 이것이 참 믿음의 사람에 대한 말이다. 한 번 더 하나님의 말씀인 성경을 더 자세히 상고해 보자.

과연 내가 성경에서 말씀하고 있는 참 신앙인인가? 아니면 예배당에 다니는 사람인가? 그리고 우리 주 예수 그리스도께서 하신 말씀, "내가 진실로 너희에게 이르노니, 인자가 올 때에 세상에서 믿음을 보겠느냐?"라고 하신 말씀을 조심스럽게 생각해 보아야 할 것이다.

지금 이 세상이 돌아가는 모습의 징조들을 볼 때에 다시 오시겠다고 약속하신 예수 그리스도의 재림이 다가 온 것 같다. 예수 그리스도의 재림은 구원救援의 주主로 오실 것이 아니라, 심판審判의 주主로 오실 것이다. 참 믿음의 사람들은 구원하여 하늘나라 곧 천국天國으로 보내고, 악한 사람들은 가려서 영원한 불구덩이 지옥地獄 불에 던져 넣기 위해서 오실 것이다. 이것이 세상 끝 날에 있을 하나님의 대심판大심판審判이다.

하나님의 대심판을 앞두고 참으로 성경대로 예수 그리스도를 믿는 사람만이 하나님의 나라에 가게 될 것이다. 아무리 오래도록 예배당에 열심히 다니고, 말씀에 잘 순종하였다고 할지라도, 예수님께 인정을 받지 못한 믿음은 성경에서 말씀하고 있는 참 믿음이 아니다.

예수께서 인정하는 믿음은 곧 성경대로 믿는 믿음이다. 예배당에 다니는 교회의 구성원構成員이요, 교회라는 조직체의 직분자가 아니라, 은밀한 중에 보시는 하나님의 마음에 합당한 자가 참 믿음의 사람일 것이다.

이런 사람들은 영원히 살아계신 하나님께서 눈동자와 같이 아껴주시고, 영원히 간직 해 주신다.

재림 주로 오실 예수께서 인정하시는 믿음을 가진 자들이기 때문이다.

여섯째

네 이웃 사랑하기를 네 몸같이 하라

†

예수께서 말씀하시기를, "첫째는, 네 몸과 마음과 뜻을 다 하여 주 너의 하나님을 사랑할 것이요, 둘째는, 네 이웃 사랑하기를 네 몸과 같이 하라"라고 하심이다.

그리고 이어서 하신 말씀이, '사랑'이 율법律法과 선지자先知者의 대강령大綱領이니라"라고 하셨다.

말로는 너무도 하기 쉬운 말씀이요, 듣기에도 참으로 좋은 말씀이다. 그러나 예수께서 말씀하신대로 하나님 사랑이나, 이웃사랑에 대한 것을 찾아보기 어려운 시대가 되었다.

형식形式과 제도制度상으로는 얼마든지 예수께서 말씀하신 사랑이 이루어질 것 같다. 그러나 예수께서 사랑의 성격에 대한 말씀을 하시기를, "형제를 위하여 목숨을 버리면 이에서 더 큰 사랑이 없느니라"라고 하셨다.

과연 예수 그리스도의 종 됨을 자처하고 목회를 하는 목회자들과, 예수 그리스도를 구주로 믿는 하나님의 성도를 자처하는 성도들 가운데, 형제를 위하여 목숨을 버릴 수 있는 사람이 몇 사람이나 있을까?

예수께서 하신 사랑에 대한 말씀은 조건부적인 것이 아니고 무조건적인 사랑이며, 상대적인 것이 아니라 절대적인 짝사랑일 것을 뜻하신 말씀이다. 왜냐하면 예수께서 나를 위하여 십자가에 못박혀 죽으셨다는 것은 어느 경우에서 보든지 조건부적인 것이나 상대적인 것이 아니라, 무조건적이었고, 절대적인 것이었다는 것을 알 수 있다.

지금 우리 한국교회에서 유행되는 말과 관행의 한 가지가 소위 '중보기도仲保祈禱'라는 말이다. 여기에서 쓰는 중보라는 말은 예수 그리스도께서 하나님과 나와의 중간에서 자기의 생명으로 나의 목숨을 담보擔保하시고 나를 구원해 주셨다는 데서 나온 말로서, '중간 보증자' 곧 '중재보증仲裁保證'이라는 말과 같다. 다시 말하면 빚진 자가 빚을 갚지 못할 때에 대신 갚아 준다는 말과도 같다.

그런데 지금 우리 한국교회는 다른 사람의 빚 단돈 10만 원도 못 갚아

주면서, 예수 그리스도 나를 위하여 십자가에 못박혀 죽으심에 대한 말을 함부로 쓰고 있으니, 실천이 없는 하나의 구호口號만으로 예수 그리스도의 십자가 죽으심을 모독冒瀆하고 들어가는 것을 하나의 관행慣行으로 하고 있다는 말이다.

이것 역시 우리 한국교회의 잘못된 습관을 바로 잡아 보려는 마음으로 여기에 글로 써본다. 물론 생각하기 나름이라고 하지만 바라기는 예수님에 대한 단어를 좀 더 신중하게 생각하고 사용하는 것이 옳다고 보기 때문이다.

1. 왜 산 자를 죽은 자 가운데서 찾느냐?

예수께서는 자주 말씀하시기를, "하나님은 아브라함의 하나님, 이삭의 하나님, 야곱의 하나님이시니, 하나님은 곧 죽은 자의 하나님이 아니요 산 자의 하나님이시라"라고 말씀하셨다.

이어서 말씀하시기를, "하나님을 아버지로 믿는 자는 다 산자"라고도 하셨다. 즉, 예수를 구주로 믿는 그리스도인들은 다 하나님 안에서 산 자들이라는 말씀이다.

그런데 예수께서 십자가에 못박혀 죽으신 다음 사흘만에 다시 죽음에서 살아 나셨다. 예수님의 제자들과 그를 따르던 모든 여인들이나 다른 제자들도 다 예수께서는 영영 죽으신 것으로만 알았다. 그러므로 평소에 예수 그리스도를 존경하여 믿고 따르던 몇 몇 여인들이 예수님의 무덤에 뿌려주기 위해서 향유를 가지고 죽으신지 사흘 째 되는 날 새벽에 무덤으로 찾아갔었다.

이것이 어찌 된 일일까?예수님의 무덤을 가로막았던 큰 돌문이 열려있었고, 예수님의 시신을 감았던 흰베 조각들만 그대로 딩굴고 있었다.

여인들은 너무도 놀라서 당황하고 있을 때에 문득 두 청년들이 곁에 서 있지를 않는가? 예수님의 무덤을 찾아갔던 여인들은 필시 이 청년들이 예수님의 시신屍身을 옮겨놓은 것으로 알고 그들에게 물었다.

"예수님의 시신을 어디로 옮겨놓았는지 말하라. 우리가 그 시체에 뿌리고자 향유를 가지고 왔노라"라고 했다. 그럴 때에 한 청년이 말했다.

그들은 하나님의 천사였고, 천사 중의 하나가 여인들에게 대답하기를, "너희는 어찌하여 산 자를 죽은 자 가운데서 찾느냐? 보라. 그는 살아나셨느니라. 그러므로 너희들은 가서 그의 제자들에게 갈릴리에 가서 선생을 만날 것이라고 전하라"라고 했다. 이는 예수께서 살아생전에 그의 사랑하시는 제자들에게 말씀해 주셨다.

그러나 죽음에서 살아난 부활의 경험이 없는 제자들은

예수 그리스도의 부활을 믿지 못했으므로 예수께서 생전에 갈릴리에 가면 만날 것이라는 말씀까지도 전혀 생각지 못하고 있었다. 현대교회의 성도들은 다시 한 번 생각하고 깨달아야 한다. 연중행사年中行事로서 부활주일은 잘 지킨다. 그러나 예수 그리스도의 부활에 대해서는 확신確信이 없다. 그것은 현실이 우리에게 너무도 잘 증언해 주고 있다. 기복신앙祈福信仰이나 은사신앙恩賜信仰이 다 산 자를 죽은 자 가운데서 찾는 것과 같다.

그렇다고 해서 기복적으로 되어지는 것이나 은사들을 부인하는 것이 아니라, 나의 힘과 노력으로 되어지는 것이 아닌 하나님의 주권적인 의지로 되어진 것을 구분해야 한다는 말이다. 성경적인 참 신앙은 잠간 있다가 없어지는 이 세상에 속한 것이 아니라, 영원한 내세來世 곧 영혼의 세계를 바라보면서 살아가는 신앙이다. 세상에서 부귀영화를 누리는 것이 신앙에서 오는 하나님의 축복이라고 믿는 사람들, 세상의 명예와 권세에 탐익貪益하여 감투쓰기를 좋아하고 세상의 명예와 권력을 좋아하는 사람들은 모두가 산 자를 죽은 자 가운데서 찾는 잘못된 것이라는 것을 알아야 할 것이다.

우리 기독교가 다른 종교와 다르다는 것의 가장 중요한 것이 부활復活의 교리教理라고 할 것이다.

윤리적으로 볼 때에는 어느 종교나 공통점이 많다. 그러나 부활 교리는 우리 기독교만의 독점적인 교리요, 죽었다가 다시 살아나신 예수 그리스도의 부활을 첫 열매로 하고 있는 실상實狀의 교리다.

어느 누구가 죽었다가 다시 살아났다고 하는 사람이 있었던가? 오직 한 사람 예수 그리스도를 말고는 단 한 사람도 죽음에서 살아났던 사람은 없었다. 예수 그리스도 한 사람 외에는 이야기로도 들어 본 일이 없다.

그런데 여기에서 분명히 구분해야 할 것은, 재생再生이나, 회생回生 같이 잠시 죽었다가 다시 살아 깨어난 것을 가지고 부활이라고는 하지 않는다는 사실이다.

부활復活,Resurrection이라는 단어는 죽었다가 다시 살아난 다음에 다시 죽지 않는 것을 뜻하는 말이다. 이 세상에는 죽었다가 다시 살아 난 사람이 얼마든지 많이 있었다. 그러나 그들은 다 다시 죽었고 영원히 살아있지를 못했다.

그러나 예수 그리스도는 십자가에 못 박혀 죽으셨다가

죽은 지 3일 만에 다시 살아나신 다음 다시 죽지를 않고 육체대로 하늘로 승천昇天하셔서 하나님의 보좌 우편에 앉으신 다음 영원히 죽지 않으신 분이시다. 그러므로 예수 그리스도만이 우리 인류가 바라는 부활의 첫 열매가 되셨고, 영생하는 구주가 되신 것이다.

예수 그리스도의 부활을 바로 받아들이지 못한 사람은 아직도 산자를 죽은 자 가운데서 찾는 사람일 것이다.

장차 썩어서 없어질 이 세상에 미련을 가지고 살아가는 사람들이나, 이 세상의 부귀영화를 목적으로 하는 사람들은 예수 그리스도를 비롯한 순교성도殉教聖徒들의 죽음을 모독하는 행위로서 산자를 죽은 자 가운데서 찾는 어리석은 자들이라는 것을 알게 하신 말씀이다.

2. 목사는 목사일 뿐이다

지금 우리 한국교회에는 목사牧師가 없어서 문제가 아니라, 목사가 너무나 많아서 문제라고 생각한다. 그러면서도 참 목사가 없다는 것이 또 다른 문제라고 생각한다. 왜냐하면, '나도 목사다'라고 하는 사람이 너무도 많아서 말이다.

이는 분명히 하고 싶은 말이 아니라 가장 하기 싫은 말이고 가슴 아픈 말이기는 하나, 그런대도 이런 말을 꼭 하지 않으면 안 되는 것은, '이래서는 안 될 것인데?'라고 하는 또 다른 생각이 있어서 말이다.

나는 무조건 목사님을 존경했고, 우러러 보았다. 목사님이야 말로 참으로 모든 것을 다 알고계신 지성인 중에 지성인이요, 학자들을 능가한 종합적인 학문의 실력자가 바로 목사님이라고 생각했다. 그리고 그의 생활은 곧 경건의 실체라는 의미에서 존경을 했고 우러러 보았다.

그런데 나도 명색이 신학교에 가서 아무 것도 모르는 주재에 신학을 한답시고 신학생들 틈에 끼어서 공부도 해보고, 신학생들과 함께 생활도 해 보았다. 물론 나 스스로가 아무것도 내어 놓을 수 있는 신학생으로서의 자질이나 자격을 갖추었던 것이라고는 생각하지 않았으나, 그래도 졸업장을 받았으니 분명히 나도 신학 교육을 받은 것만은 사실이다.

신학교에서의 공부는 일반 고등학교나 대학교 시절과는 달리 매 시간마다 강의를 받기 전에 하나님께 기도를 하고 공부를 했다는 것이 다른 학교들과 달랐다고나 할까?

그렇게 해서 다른 사람들은 남녀 할 것 없이 강도사가 되고 목사가 되는데, 나는 그렇게 하는 것 자체가 마음에 썩 내키지 않았다. 왜냐하면 목사도 사람인데 결정적인 순간에 이르렀을 때에, '나도 사람이다'라고 한다면 어떻게 해야 할 것인지에 대한 답을 얻을 수가 없었다. 최종적인 막다른 골목에 이르렀을 때에, '나는 목사다'라고 하는 선택이 참으로 쉽지 않을 것 같았다.

예수를 믿는다는 것이나, 하나님의 일을 한다는 의미에서 생각하면 아무나 예수를 믿기 때문에 목사가 될 수 있다고 본다. 그러나 목숨을 내어 놓아야 할 막다른 골목에 이르다면, '목사도 사람이다'라고 하는 말로는 안되고, '나는 목사다'라고 하는 마음으로 목숨까지도 내어놓을 수 있는 사람이 목사님이 되어야 한다고 생각한다.

예수께서 그의 사랑하는 제자들에게 분명히 말씀해 주셨다. "부모와 형제와 처자식도 나보다 더 사랑하면 내 제자가 될 수 없고, 심지어는 나를 위하여 자기의 목숨까지 버리지 않는 자는 능히 내 제자가 될 수 없느니라"라고 하셨다. 이렇게 말씀하신 것은 일반 신자들보다도 목사님들에게 하신 말씀이라고 생각된다.

하나님께서 우리 믿음의 조상祖上 아브라함을 부르실 때에, "아브람아, 너는 네 친척 본토 아비 집을 떠나 내가 네게 지시할 곳으로 가라"라고 말씀하셨다.

분명히 이 말씀은 하나님께 부르심을 받은 사람은 자기의 본토 친척 아비 집을 떠날 수 있어야 한다. 여기에서 '떠나라Leave'고 하신 말씀은, 곧 '버리다'Throw away라는 말과도 같아서, 포기抛棄, Abandonment하라는 말씀과도 같다. 다시 말하면 이 세상에 대한 모든 것들을 다 포기하고, 오직 하나님께서 명하시는 곳으로 가고, 하나님께서 명하시는 일을 하고, 하나님께서 시키시는 일 이외의 다른 것을 해서는 안 된다는 말씀과도 같다는 말이다.

예수를 믿는 사람으로 세상에서 해야 직업상의 선택은 자유롭게 할 수 있을 것이나, 성부와 성자와 성령 삼위일체 하나님의 이름으로 안수를 받은 목사牧師는 어떠한 경우에도 세상에 속한 것을 붙들거나 갖는다면 그 때부터 이미 목사로서의 직위를 떠났다는 말과도 같다고 본다.

우리 한국교회에 목사가 많다는 것은,'목사도 사람이다'라고 하는 세속적인 목사들이 많다는 말이고, 목사가 없다는 말은 성경에서 말씀하신 자질의 소유자가 귀하다는 말이다. '목사도 사람이다'라고 하는 사람들이 목사라고 하여 판을 치는 한 우리 한국교회는 되살아 날수가 없다. 그리고 시대적인 요구에 따라서 여자도 목사로 안수를 받는 것에 대해서는 별다른 시비를 하지 않겠다.

그러나 같은 여자요 나름대로 신학을 공부한 사람의 입장에서 생각할 때에 여자이기 때문에 봐주는 것이 아니라, 여자일지라도 목사이면 일단 목사로서의 규격에 맞도록 갖추어야 한다는 것을 말하고 싶다.

목사로서의 규격이란, 일차적으로는 지성적知性的인 면에

서 목사로서의 지식이 있어야 할 것이고, 감성적感性的으로 다른 사람들에 대한 깊은 덕망德望의 동정심을 갖추어야 할 것이고, 어떠한 고난과 시련에도 참고 이겨낼 수 있는 강인한 의지意志를 가진 자로서, 하나님께로부터 받은 사명감使命感에 불타는 사람이어야 할 것이나, 여기에 더 한 가지 중요한 것은 남다른 영성靈性, Spirituality이 뛰어난 사람일 것이 요구 된다고 본다.

기독교가 발생한 이래 최소한 20세기에 이르기까지 여자 목사가 없어도 성경적인 기독교운동과 신앙운동이 잘 이어져 올 수 있었는데, 이제 와서 여자도 목사가 되어야 한다는 것은 매우 조심스럽게 다가가야 할 일이라고 여자의 한 사람으로서 조심스럽게 말해 본다.

짧은 기간이었으나 신학교에 몸을 담고 신학생으로서 공부를 하는 동안에 느꼈던 것 중의 한 가지는 여학생일수록 사회복지학社會福祉學에 뜻을 가진 분들이 많은 것을 보고, 지금 우리나라의 재산 상속법이 남녀가 같다는 것을 기회로, 부모님께로부터 물려받은 전답田畓이나 산山같은 땅이 있으니까 신학을 한 다음 복지시설을 꾸며서 복지사업福祉事業을 하게 되면 자기 몫의 재산을 지켜나가면서 활동을 할 수 있을 것이라는 생각에서 신학을 하는 여자들이 많지 않는가 하는 생각을 해 보았다.

이런 의미에서 생각해 볼 때에, '목사는 목사다'라고 하는 생각이 아닌 '목사도 사람이다'라고 하는 답 외에 다른 답이 있을 수 없다고 생각한다. 복지 사업은 목사가 해야 할 일이 아니라, 얼마든지 복지사福祉士를 통해서 할 수 있는 일이고, 목사가 직접적으로 해야 할 일은 아니라고 생각한다. 목사牧師는 목사로서 성삼위 하나님께로부터 기름 부으심을 받았지 복지사로서 겸직을 하라고 기름 부으심을 받은 것은 아니라고 생각한다. 무조건 목사는 목사로서의 소임을 다 하다가 자기 인생을 마쳐야 할 성직聖職이라고 보기 때문이다.

진정 예수 그리스도의 재림을 앞두고 우리 기독교 운동이 성경적인 기독교 운동으로 새로 태어나지 않는 한 날이 갈수록 쇠퇴해 가는 기독교를 우리 한국 땅에서 되살려 내기가 어려울 것 같다는 두려운 마음에서 안타까운 충정을 이렇게 글로 옮겨 본다. 특히 우리 한국교회에 목사님의 수는 헤아릴 수 없을 정도로 많다. 군소교단의 등장과 함께 자기의 세력을 확장하기 위한 수단으로서의 군소신학교群小

神學校의 난립과, 자질부족의 목사 양산은 자연히 성경적인 참 기독교 운동의 해악害惡이 되고 있기 때문에 이에 대한 시정이 이루어져야 할 것을 갈망하는 마음 간절하다.

물론 우리나라의 헌법憲法이 종정분리宗政分離의 원칙을 명문화하고 있기 때문에 우리 정부가 기독교에 대한 구체적인 것을 성문화시켜서 단속을 할 수는 없다. 그러나 한국기독교총연합회韓國基督教總聯合會, 한기총같은 기구에서는 우리 정부와 절충해서 합법적인 기준을 마련할 수 있는데도, 이런 일에 대해서는 전혀 손을 쓰지 않고, 오직 정치노름에만 혈안이 된 것 같아서 아쉬운 마음으로 이를 지적해 본다.

우선 '기독교'라는 이름의 교단教團의 단체가 일정한 규격을 갖추어야 할 것이고, 신학교神學校 역시 국제적인 규격의 신학교로서의 수준과 자질을 갖춘 다음에 공인된 교과 과정에 의한 수업과 학점을 취득하여 목사가 되기 위한 모든 과정을 마친 사람에게 한하여 목사로 안수를 하고, 교회는 물론 우리 사회와 나라에서까지 목사로서의 자격과 직위를 공인해주어야 할 것이다. 그리하여 목사는 죽은 다음에까지라도 목사로 남는 사람만이 목사가 되어야 할 것이다. 목사는 목사이기 때문이다.

3. 내가 생각하는 한국교회의 선교운동

지금 우리 한국교회는 대략 약 150여 개국에2만 여명의 선교사宣教師, Missionary를 파송하고 있는 것으로 안다.

그러나 정확한 숫자를 알 수 없는 것은 선교회나 교단별로 보내는 선교사 외에 현지에서 채용하여 활동하고 있는 분들이나, 개 교회별로 보내는 선교사들이 많아서 정확한 숫자를 파악한다는 것은 쉬운 일이 아니다. 그리하여 지금 전 세계에 한국인으로서 선교사라는 호칭을 받고 활동을 하고 있는 사람은 대략 3만 명은 넘을 것으로 이해하고 있다.

그런데 여기에서 한 번 짚고 넘어가야 하겠다고 생각되는 것은 선교에 대한 바른 이해가 선행되어야 한다는 의미에서 이를 살펴보려고 한다.

우리 한국교회가 피 선교국에서 직접 선교사를 파송하는 선교국으로 발전하게 된 것은 1903년 대한 예수교 장로회 총회가 생긴 것을 기념하여 중국의 산동성에 처음 선교사를 파송하는 데서부터 시작 되었다고 본다.

그러다가 1948년 중국이 공산화共産化로 정치 체재가 바뀌어지고, 기독교운동이 거부되면서 선교사들을 철수했다가, 1953년에 대만과 태국을 선교의 전략지역으로 선택하게 되었다. 그 후에는 교단별로 선교사를 파송해 왔는데, 여기에서 말하려고 하는 것은 선교운동에 대한 것이 아니라, 진정 성경적인 선교운동이 아쉽게 되었다는데서 시시비비를 가려보려는 것이다.

우리가 그리스도의 복음을 전하고 선교운동을 한다는 것은 어떤 규정에 의해서만 되어지는 것이 아니라, 누구든지 사명감만 있으면 해야 하는 것으로 안다. 그러나 문제는 선교宣教라는 명분 아래 비 성경적인 일들이 너무도 심하기 때문에 이를 가려 보려는 것이다. 즉, 선교사라는 직분 자체가 자신의 출세나 직업상의 선택이 아닌 사명使命에 의해서 이루어지고 있는가 하는 문제다.

우리 한국교회의 선교운동은 참으로 자랑스럽게 잘하고

있다.

자기 육신의 안일 같은 것은 이미 포기해 버리고 죽든지 살든지 오직 하나님의 말씀에 순종하여 단 한 생명이라도 건져보기 위해서 산수인심 풍속이 모두 다른 이역異域에서 오직 하나님의 복음을 전파하기 위해서

수고 하시는 선교사님들의 노고를 어찌 다 측량할 수 있겠는가마는, 이것을 기회로 잘못하고 있는 점에 대해서는 단호히 시정是正되어야 한다고 본다. 즉, 개 교회별로 선교비 몇 푼 지원해 주고, 담임목사의 해외 출장의 명분을 '현지 시찰을 위한 선교여행'이라고 붙여두고 관광觀光을 일삼는 일들이 너무도 많다는 것이 문제라고 할 것이다.

또, 그 목사님을 수행하여 해외에 나가서 찬송가 한번 불러주고 다녀 온 것으로 선교여행을 다녀 온 선교사라고 하는 관행들은 시정되어야 한다는 말이다. 일단 선교사로 파송을 받기만 하면 현지에 도착하기가 바쁘게 모금운동을 하기 시작하여 돈벌이의 수단으로 삼는 경우와, 모금한 돈으로 자기의 자녀들을 선진국에 유학시킨 다음 그들이 성장하여 자리를 잡게 되면 선교사라는 사명에서 벗어나서 자녀들과 합하여 호화판을 이루는 사례들은 시비하고 따지

기 전에 스스로 고쳐져야 할 일이라고 본다.

선교사宣教師도 역시 하나의 목사牧師에게 주어진 성직聖職이다. 교회의 담임권擔任權을 가지고 목양에 임하는 목사가 선교사가 되기 위해서는 일반 세상 사람들이 걸치는 중학교, 고등학교, 대학교의 모든 과정을 다 마쳐야 한다. 그러한 다음에 신학교와 신학대학원 과정을 다 해야 하고, 정식으로 강도사와 목사의 고시과정을 걸쳐서 목사로서 안수를 받아야 한다. 선교사가 되기 위해서는 그렇게 한 다음에 다시 자기가 지망하는 나라의 언어와 풍속과 사회교육을 받아야 하고, 교단이나 선교회의 파송을 받아야 한다. 아무나 다른 나라에 가서 하나님의 복음을 전한다고 해서 다 선교사라고는 하지 않는다.

물론 다른 종교에서도 그렇게 하겠지만 유독 우리 기독교는 법과 질서가 정연하여 지금까지 세계의 질서를 이끌어 왔다. 그러므로 선교사가 되는 것도 하나님의 복음을 전하니까 무조건 선교사가 되는 것이 아니라, 선교사로서의 자격을 갖춘 다음에 선교사로서 세우심을 받아야 하고, 합법적인 기관에 의해서 파송을 받아야 하고, 활동의 내용까지가 파송기관의 통제 아래 들어가야 한다.

하나님은 어지러움의 하나님이 아니라 질서와 법을 가장 정확하게 지키시는 질서의 하나님이시다. 그러므로 우리 기독교 운동 전체는 물론 선교활동까지가 유법적인 제도와 질서에 따라서 움직여야 한다.

그러므로 선교사를 지망하는 사람이면 누구나 하나님께로부터 부르심을 받아야 한다는 것이 대 전제가 되지만 그 다음에는 선교사가 되기 위한 모든 과정을 다 걸쳐야 하고, 한번 선교사로 파송을 받았으면 심신을 다 바쳐서 사명에 충성을 다 해야 한다.

우리 한국교회가 바로 세워지기 위해서는 하나님의 말씀인 성경의 가르치심에 따라서 내적인 개혁이 일어나야 하고, 외적으로는 선교운동까지가 가장 성경적이어야 한다는 말이다. 우리 한국교회는 하나님께로부터 세계선교의 사명을 받은 것으로 안다. 그러나 가장 성경적인 진리 중심의 기독교운동이 아니면 오히려 하나님께 누가 될 것을 염려하는 마음에서 정리를 해 보았다.

4. 하나님 아버지 감사합니다

나의 경험대로 하나님께 드리는 기도의 말을 찾는다면, "하나님 아버지 감사합니다."라고 하는 말 이외에는 없을 것 같다.

일찍이 예수께서 우리에게 기도 하는 방법을 가르쳐 주시기를, 첫째는 외식이 없는 기도를 해야 하고, 다음은 드러내기 위한 과식過飾이 없는 은밀한 기도여야 하고, 다음은 말을 많이 하는 중언부언重言復言하지 말아야 할 것을 말씀해 주셨다. 그리고 하시는 말씀이, "하나님께서는 네가 구하기 전에 네게 있어야 할 것을 다 알고 계신다"라는 것을 전제로, '너희는 이렇게 기도하라"라고 하시고 주기도문主祈禱文을 가르쳐 주셨다.

이 주기도문의 요체要諦는, "뜻이 하늘에서 이루어 진 것 같이 땅에서도 이루어지이다"이다.

전지전능하신 하나님께서는 내가 하나님께 기도하기 전에 벌써 내가 무엇을 구하기 위해서 기도를 하게 되는가를 미리 알고 계신다고 하셨다. 구 하는 자의 요구를 다 알고 계신데도 불구하고 계속해서 주시라고 구하는 것이 중언부언이요, 하나님의 의지가 아니라는 것을 뜻하심이다.

그러므로 우리의 기도 말은 곧 "하나님 아버지 감사합니다." 그 이상은 할 말이 없을 것 같다. 그런데도 우리가 구하는 것은 간구懇求라고 해야 할 것이다. 반드시 하나님의 응답應答을 받아내야 할 것에 대한 간절한 열망의 간구가 곧 우리의 부르짖음이다. 하나님의 응답이 내릴 때까지 부르짖는 기도를 해야 한다.

하나님께 부르짖고 간구해서 기도응답으로 얻어지는 것을 이적異蹟이라고 할 것이다. 곧 하나님의 임재와, 하나님의 신임과, 하나님의 의지가 합해서 발생되는 사건이 곧 이적이다. 그러므로 기도의 응답은 곧 하나님의 이적으로 나타난다. 이러한 믿음을 가졌다면 더 이상의 중언부언이 아닌, "하나님 아버지 감사합니다."라는 말로 자기의 기도 말이 다 되었다고 생각한다.

내가 사는 것도 하나님의 은혜요, 내가 어떤 일을 해내는 것도 하나님의 은혜요, 억천만사가 다 하나님의 은혜가 아니면 이루어 질 수 없다.

그런데도 하나님께서는 나에게 건강을 누리면서 살아가게 하시고, 내가 원하는 일을 하게 하시고, 내게 필요로 한 것을 아낌없이 다 허락해 주시고, 하나님과 함께 살아가게 해 주신다. 살아계신 하나님께서는 그에게 감사가 넘치는 사람일수록 더 많은 것으로 주셔서 감사가 넘치게 해 주신다.

나는 다른 사람들보다도 더 많은 기도를 못하는 사람이라는 것을 양심으로 고백한다. 그러나 한 가지 분명한 것은, 아주 짧은 시간일지라도 하나님께 기도를 드리고자 꿇어 엎드리기만 하면, 떨리는 음성으로 "하나님 아버지 감사합니다. 하나님 아버지 감사합니다. 하나님 아버지 감사합니다."라고 하는 말을 반복적으로 하면서 가슴이 뜨거워지고 눈시울이 젖는 이유가 무엇일까?

나는 나의 남은 생애가 얼마일지는 나도 모른다. 그러나 숨이 끊어지는 그날까지 하나님 앞에 무릎을 꿇고 기도를 드릴 때마다 이 말 곧 "하나님 아버지 감사합니다."라고 하는 말을 반복하면서 하나님께 감사하는 마음으로 살다가 하나님 나라에 갈 것이다.

5. 하나님의 사랑을 먹고 산다

"나는 하나님의 사랑을 먹고 산다"라고 하는 말을 생의 고백의 말로 하고 싶다. 누구나 예수를 믿는 사람이면 거의 공통한 말을 할 것이나, 나와 같은 경우는 진실하고 참된 말의 고백이라고 하나님 앞에서 단언한다. 나름대로의 생을 살아 본 나의 입장에서는 입에 붙은 말이 아니라, 진심으로 '하나님의 사랑을 먹고 산다'라는 고백을 하는 것이 참 되고 신실한 말일 것이다.

나도 가족을 비롯하여 이웃과 더불어 살았고, 슬하에 자녀손을 두고 있는 한 가정의 주부임에는 틀림이 없다. 그러나 나를 아는 모든 사람 앞에서 말하려는 나는 참으로 어리석고 못난 바보였다. 남들처럼 이 세상에 대한 어떤 미련이나 기대도 가지지 못했고, 어떤 자족감自足感 같은 것도 느껴보지 못하고 살았다.

솔직하게 말해서 나는 어떤 스스로의 기대나 꿈같은 것도 가져보지 못했고, 어느 누구에게 나의 속마음을 털어놓지도 못하고 꿀 먹은 벙어리처럼 살았다. 이쯤 되었으니 누가 볼 때에는 정말로 바보 중의 바보였고, 울기만 하는 '우지'로 보였을 것이다.

그러한 나에게도 삶의 생기가 돌아왔고, 살아야 할 이유를 찾게 되었다면 이 세상 여인들 중에 나도 행복한 사람 중의 한 사람이라는 자부심을 갖는다. 바로 내가 이렇게 된 까닭은 너무도 간단하다. 비록 나의 믿음이 어느 누구 앞에 내어놓을 만한 것은 못 된 다고 할지라도 분명한 것 한 가지는 '하나님의 사랑을 먹고 산다'라고 하는 말 이 한 마디는 자신 있게 할수 있다.

지난날에 내가 하나님을 잘 믿었다는 것도 아니고, 어느 누구 보다도 더 잘 한 것이 있는 것도 아닌데, 끝까지 붙들고 통사정을 할 수 있는 분은 이 하늘 아래 오직 하나님 한 분 뿐이었다.

그 하나님을 붙들고 남모르게 끝없이 서럽게 울고 울고, 한없이 울었다. 너무도 많이 울어서 우지가 되었는지는 모르겠으나, "울며 씨를 뿌리는 자는 정녕 기쁨으로 단을 가져 오리라"라고 하신 말씀대로 나는 나도 모르는 사이에 하나님께서 나와 함께 하심을 깨닫게 되었고, 하나님의 사랑이 얼마나 크고 아름답다는 것을 알게 되었을 때에, 나는 꿈에서 깨어난 사람처럼 기뻐 날뛰고 춤을 추고 싶었다.

이 세상 하늘 아래 사랑으로 나를 지켜 주시고, 먹여 주시고, 살게 해 주신 하나님께서는 나의 모든 것을 전폭적으로 책임을 져 주신다는 것을 깨닫게 되었다. 내가 밥을 많이 먹어서가 아니라, 하나님의 사랑을 먹고 살아가기 때문에 내 영혼의 평안을 누리고 삶의 보람을 느끼며, 내가 살아야 할 이유를 알게 되었으니, 이것은 전적으로 하나님의 사랑이 아닌가? 그러므로 "나는 하나님의 사랑을 먹고 산다"라고 하는 고백을 자신 있게 할 수 있다.

특히, 나는 글쓰기를 몹시 싫어했고, 책을 별로 가까이 해 본 일이 없었다. 그러한 내가 나도 모르는 순간에 말하기를 시작했고, 글을 쓰기를 시작하여 벌써 세 번째의 책을 펴내게 되었으니, 이 얼마나 하나님의 사랑에 감사를 해야 할 것인가?

"나는 하나님의 사람을 먹고 산다"라고 하는 말을 더 크게 외치고 싶은 마음에서 글을 쓴다.

6. 나의 다짐, 나의 각오

기왕 붓을 들고 글을 쓰기 시작 했으니, 이제는 좀 더 솔직하게 내 가슴을 터놓고 나에 대한 말을 해야 하겠다.

내 스스로가 갖는 마음의 다짐과 조용히 실천해 나가겠다는 마음의 각오를 부끄러움을 무릅쓰고 조금씩이라도 털어놓아야 하겠다. 자랑을 위해서가 아니라, 함께 터놓고 대화를 통해서 뜻을 모았으면 하는 마음에서 먼저 내 마음의 속 뜻을 조금씩이라도 털어놓아야 하겠다.

본래 사람이란 살기 위해서 사는 것이 아니라 죽기 위해서 산다고 하면 매우 애매하고 역설적인 것 같으나 사실이 그렇다고 생각된다. 동방의 대성大聖 공자孔子님께서 그렇게 말씀하셨던가요? "호랑이는 죽어서 가죽을 남기고, 사람은 죽어서 이름을 남겨야한다"豹死留皮 人死留名라고 하셨던가요?

사람들이 애를 써서 돈을 모으는 것은 우선 당장 먹고 살기 위함이겠지만, 더 욕심을 부리는 것은 자손들에게 남겨주기 위함이라고 할 것이다. 그러나 시간이 흐를수록 더 많은 재산을 남겨줘야 할 이유가 희석稀釋되어가고 있다는 것을 알 것이다.

돈은 역시 돈일 뿐 그것이 나의 인생을 더 아름답게 해주지 못하고, 더구나 나의 인생은 그것으로 더 이상의 어떤 가치를 끌어 올릴 수 없다는 것도 알 수 있다. 그렇다면 돈의 참 가치는 자기가 사는 날 동안에는 자유롭게 먹고 살게 하고, 자녀들에게는 어려움 없이 좀 더 자유롭게 먹고 살아갈 수단으로서의 재산을 남긴 다는 것일 것이나, 그것이 나에게는 더 큰 이상의 뜻은 없다. 그러나 더 많은 사람들에게 덕德을 쌓고, 더 많은 사람들에게 유익을 줄 수만 있다면 내가 죽은 다음에라도 더 많은 사람들이 나를 기억하고 나의 뒤를 따르게 될 것이 아니겠는가를 생각해 보자.

역사적으로 볼 때에 수많은 영웅호걸들이 있었고, 성현군자들이 있었지만 그들이 돈을 많이 벌어서 남겨줬기 때문이라는 말은 없지를 않는가 말 이다.

그들이 남긴 말씀, 그들이 남긴 업적, 그들이 남긴 덕德

을 말하면서, 그들이 닦아놓은 길을 걸으며, 그들이 심어 놓은 나무의 열매를 따서 먹으라는 것이 아니겠는가? 그래서 사람됨의 참 가치는 살아생전에 보다 죽은 다음에라야 알 수가 있고, 그 사람에 대한 참된 평가를 하는 것이라고 생각한다.

나는 뒤늦게나마 '나'라고 하는 사람의 가치를 생각 해 보고 내가 살아야 할 이유를 더듬어보고, 내가 해야 할 일의 몫을 깨달아가고 있다. 나도 한 여성으로서 이 세상을 살아 볼만큼 살아보았고, 온갖 풍상을 겪어 보았다. 그러므로 나름대로 인생의 쓰고 단맛을 조금이라도 맛을 보았다. 그래서 하는 말이 있다면, "나도 살았을 때를 위해서가 아닌 죽은 다음을 위해서 살고 일을 해야 한다"라는 다짐을 하고 이 일들을 하기 위한 각오로 가득 찼다고 고백을 하겠다. 무슨 일을 어떻게 할 것이냐에 대해서는 아직 이루어지기 전이기 때문에 서들러서 미리 말을 할 필요는 없다. 그러나 분명하고 정확한 것은, '하나님이 보시기에 심히 좋았더라"라고 하는 기준을 설정 해 두고, 먼저는 내가 좋은 사람이 되어야 하겠고, 다음에는 하나님이 보시기에 심히 좋은 사람을 길러내야 하겠고, 하나님이 보시기에 심히 좋은 것들을 찾아내기 위해서 새롭게 공부를 시작해야 하겠고, 그리하여 하나님이 보시기에 심히 좋은 일을 하다가, 하나님 나라로 가는 것이라고 자기의 인생을 정리 해 본다.

7. 나는 죄인 중에 괴수魁首라

우리는 사도 바울을 말할 때에 사도使徒 또는 성자聖者라고 높이 부른다. 그러나 사도 바울 스스로는 자기에 대하여 고백하기를, "나는 죄인 중에 괴수魁首니라"라고 했다.

그렇다. 내가 구원을 받게 된 것은 전적으로 하나님의 은혜의 선물로 받은 것이요, 나의 공로로 되어진 것은 하나도 없다. 하나님 앞에 내어놓을 수 있는 것이 단 한 가지도 없다면 당연히 '죄인'이라는 고백告白이 나올 수밖에 없다.

사도 바울은 평생토록 '하나님의 교회를 핍박했던 나'였다는 것을 잊으려 한 적이 없다. 사도 바울의 글을 보면 자주 그러한 마음의 고민을 고백하고 있다. 뿐만 아니라 "난 참으로 곤고한 사람이라. 누가 이 사망의 몸에서 나를 건져내랴?"라고 자탄을 한 다음에 이어서 고백하기를, "나는 죄인 중에 괴수니라"라고 했다.

아마도 사도 바울이 성자聖者가 된 것은 이러한 고백을 했기 때문이라고 하는 것이 아니라, 죄인의 괴수 된 것을 건져내서 성자로 만들어 주신 하나님을 향한 믿음이 있었고, 하나님을 위해서 죽도록 충성을 다 했기 때문이라고 생각한다.

나 같은 사람은 사도 바울에 비교 할 바가 아니라는 것을 잘 알고 있다. 사도 바울이 자기 스스로를 '죄인 중에 괴수다'라고 했다면 나는 어떤 말을 해야 할 것인가를 찾을 수 없다. 사도 바울이 생각할 때에 보편적인 의미에서 모든 사람은 다 하나님 앞에서 죄인이라고 한다면 자기는 하나님의 교회를 핍박하는 일까지 했으니 당연히 '죄인 중의 괴수'라는 말이 나올 법도 하다.

그러나 사도 바울이 말하는 '죄인 중에 내가 괴수니라'라고 한 말은 훨씬 더 깊은 뜻이 있다고 생각한다.

하나님의 사람 스데반 집사를 죽이는 일에 참여했고, 또 다마스커스에 있는 교회를 핍박하고 성도들을 잡아서 죽이는데 넘기기 위해서 가는 도중에 공중에 나타나신 예수 그리스도의 영체를 보고, 친히 예수 그리스도로부터 "사울아, 사울아, 어찌하여 네가 나를 핍박하느냐?"라고 하는 말씀을 들었을 때에 바울은 꿈에도 생각하지 못했던 새로운 진리를 발견하게 되었다. 그리하여 그가 대답하기를, "주여, 뉘시오니이까?"라고 반문했다. 그럴 때에 다시 하시는 말씀이, "나는 네가 핍박하는 예수라"라고 하셨다.

이러한 예수님의 말씀을 들은 사울은 꿈을 깨는 것 같은 충동을 느꼈다. 그리고 그는 그 자리에서 입을 다물고, 땅바닥에 그대로 꿇어 엎드려 버렸다. 더 이상 할 말이 없었다. 자기는 하나님의 일을 한답시고, 예수 믿는 사람들을 잡아서 죽이기까지 하면서 괴롭혔고, 그들이 모인 하나님의 교회를 수없이 괴롭혔으니 더 이상 무슨 말을 할 수 있었겠는가? 이러한 일들로 인하여 사도바울의 마음은 항상 '나는 죄인 중의 괴수니라"라고 하는 마음으로 자기의 교만을 이겨낼 수 있었고, 밑바닥에서부터 솟아오르는 믿음을 키워나갈 수가 있었다.

'믿음의 교만'이 없어야 하겠지만, 나도 모르는 순간에 자기의 마음을 짓누르고 솟아오르는 것을 어찌하랴......!

나는 남들보다 예배당에 열심히 다닌다. 교회의 일이라면 누구보다도 더 열심히 잘 한다. 목사님에게서 특별한 신임을 받는다. 다른 사람에 비하여 헌금을 더 많이 낸다. 나는 기도를 열심히 한다. 나는 성경을 더 많이 알고 있다. 만나는 사람에게 마다 열심히 전도를 잘 한다.

나는 교회에서 받은 직분이 다른 사람들보다도 더 위이다. 참으로 수많은 이유들을 내세워서 다른 사람들보다 더 위에 올라서려는 교만의 마음은 항상 나에게 기회를 엿보게 한다. 특히 목사에게는, '나도 목사다'라고 하는 교만심이 자기를 짓밟아 버리는데도 그것을 모르고 지나쳐 버린다. 사도 바울은 어느 사도들보다도 더 많은 수고를 했고, 전도를 했고, 교회를 많이 세웠고, 성경을 많이 기록했다.

그런데도 그는 자기에 대하여 고백하기를, "나는 죄인 중에 괴수니라"라고 했다. 내가 사도 바울처럼 하나님 앞에서 '죄인중의 괴수'라는 고백을 하는 믿음을 가졌다면 이 얼마나 감사할 일인가를 생각해 본다. 무엇보다도 우리 한국교회를 되살리기 위해서는 목사님들을 비롯하여 온 성도들이 베옷으로 갈아입고, 가슴을 찢으면서, "나는 죄인 중에 괴수니라"라고 하는 고백의 회개운동이 일어나야 하겠다는 마음이 너무도 절절하다.

목사님들을 비롯하여 어느 누구를 헐뜯거나 흉을 보기 위해서가 아니라, 하나님의 은혜로 이루어진 우리 한국교회를 되살리고, 임박한 예수 그리스도의 재림再臨에 들어가기 위해서 우리는 사도 바울과 같은 고백의 회개운동을 해야 하겠다는 절박한 마음에서 분수에 넘치는 글로 호소를 해 본다. 정말로 우리 한국교회를 다시 일으켜야 한다는 간절한 마음을 담아서 사랑하고 존경하는 우리 한국교회의 목사님들과 성도들에게 눈물어린 호소를 해 본다.

"우리 한국교회를 다시 일으켜 세웁시다"

†

부끄러운 글을 마치면서

입이 열 개라도 할 말이 없다.

글재주도 없이 아주 부끄러운 말만을 늘어놓았으니 말이다.

그러나 이것까지도 하나님의 은혜로 되어 진 일이라면 하나님의 은혜를 욕되게 할 수는 없다. 감사한 마음으로 '이것뿐입니다'라고 하는 말로 자기변명을 해야겠다.

글을 잘 쓸 재주도 없지만 처음부터 잘 써보겠다는 생각을 가지지 않았기 때문에 이제 와서 다른 변명의 말은 필요가 없는 줄 안다. 다만 한 가지 분명한 말은, "하나님 아버지 감사합니다."라는 말이 있을 뿐이다.

내가 이 글을 쓰는 동안 서울에서 멀리 경기도 연천으로, 또 연천에서 민통선을 넘어서 철조망을 지키고 있는 사랑하는 우리 국군장병들이

나라를 위해서 수고 하는 곳을 두루 살펴보면서 더 많이 배우고 많이 익혔다.

그럴 때마다 더 생각나고 느낀 것은 무엇인가 나도 해야 하겠다는 마음이었다. 우리나라를 위해서 일을 하고, 세계의 인류를 위해서 일을 해야 하고, 나도 기왕 이 세상에 태어났으니 흘러간 역사 속에서 살아있는 사람으로서 일을 하고, 무엇인가를 찾아가면서 하나님께서 보시기에 심히 좋은 일이라면 마다하지 말고 찾아서 해야 하겠다는 마음의 다짐이 새로워졌을 뿐이다.

어떤 사람들은 부귀영화富貴榮華를 이루는 것을 이상으로 생각하고 열심히 살아간다. 또 어떤 사람들은 자기의 건강을 챙기기에 바쁘고, 그리고 어떤 사람들은 자기의 노후老後를 즐기기 위해서 온갖 수단을 다 한다.

그 가운데는 역사를 만들기 위해서 남모르게 열심히 뛰는 사람도 있다. 나는 그들을 따르고 싶다.

여자들은 자기의 용모가 단정하고 아름답게 되기 위해서 열심히 가꾸고 노력들을 한다. 그러나 나는 이 모든 것들을 합해서, “하나님이 보시기에 심히 좋았더라."라고 하는 일을 해야 하겠다는 마음으로 가득 찼을 뿐이다.

더구나 사람은 살기 위해서 일을 하는 것보다 죽은 다음을 위해서 일을 해야 한다고 하는데, 나와 같은 경우는 아무리 생각을 해 보아도 내가 할 수 있는 그렇다 할 만한 일이 없는 것 같다. 그러나 마음은 참으로 간절하다.

그래서 찾아낸 것이 일차로 글을 쓰는 일을 선택했는지도 모른다. 대부분의 현대인들은 책을 잘 안 읽는 줄로 안다. 그런데도 나는 글을 쓰고 싶다. 왜? 역사는 흐르면서 반복적으로 바뀌니까 말이다.

내가 살아있을 동안이 아니라도 좋다. 어느 때엔가는 읽어주는 사람이 있을 것이라는 기대를 가져 본다.

그러한 마음으로 글을 썼고, 앞으로도 계속해서 기회가 주어 진 대로 글을 쓸 것이다.

내가 마음먹고 생각하는 것들을 글로 써서 다른 사람들과 마음의 대화對話를 하고 싶었고, 내가 살아 온 인생을 또 다른 사람들도 살아갈 것이라는 생각에서 글을 썼다. 나름대로 생각하는 바를 글로 써서 권유

해 보고 싶었다. 그것이 바로 여기에 쓴 글들이다.

글을 잘 쓰고 못 쓴데 대해서는 처음부터 잘 못 썼을 것이라는 결론을 하고 들어갔으니까 기대는 하지 않을지라도 내 마음은 그렇다는 것으로 전했을 뿐이다.

다시 한 번 이러한 마음을 주시고 글을 쓰게 하신 하나님께 감사를 드린다. 또한 못난 글을 읽어주신 독자 여러분들에게도 감사의 마음을 담아서 글을 마치려 한다.

蘇雅 이 영숙 드림